SÚPER ENREJADO
SOLUCIONADOR
DE REAL OPTIONS
(Real Options SLS)

MANUAL DE USUARIO

Johnathan Mun, Ph.D., MBA, MS, BS, CQRM, FRM, CFC, MIFC

Real Options Valuation, Inc.

REAL OPTIONS VALUATION, INC.

This manual, and the software described in it, are furnished under license and may only be used or copied in accordance with the terms of the end user license agreement. Information in this document is provided for informational purposes only, is subject to change without notice, and does not represent a commitment as to merchantability or fitness for a particular purpose by Real Options Valuation, Inc. No part of this manual may be reproduced or transmitted in any form or by any means, electronic or mechanical, including photocopying and recording, for any purpose without the express written permission of Real Options Valuation, Inc. Materials based on copyrighted publications by Dr. Johnathan Mun, Ph.D., MBA, MS, BS, CRM, CFC, FRM, MIFC, Founder and CEO, Real Options Valuation, Inc., and creator of the software. Written, designed, and published in the United States of America. Microsoft® is a registered trademark of Microsoft Corporation in the U.S. and other countries. Other product names mentioned herein may be trademarks and/or registered trademarks of the respective holders.

© Copyright 2005-2015 Dr. Johnathan Mun. All rights reserved.
Real Options Valuation, Inc.
4101F Dublin Blvd., Ste. 425
Dublin, California 94568 U.S.A.
Phone 925.271.4438 • Fax 925.369.0450
admin@realoptionsvaluation.com
www.risksimulator.com
www.realoptionsvaluation.com

PREFACIO

Bienvenido al Software del Súper
Enrejado Solucionador de Real Options

Bienvenido al software del Súper Enrejado Solucionador (SLS). Este software contiene distintos módulos incluyendo:

- Súper Enrejado Solucionador Único ("SLS")

- Súper Enrejado Solucionador Múltiple ("MSLS")

- Enrejado Solucionador Multi Nominal ("MNLS")

- Creador de Enrejado

- Solución de Excel SLS

- Funciones de SLS

- ROV Strategy Tree

Estos módulos contienen los conceptos financieros de opciones tal y como se aplican en los capitales físicos o reales. Por ejemplo, cuando adquiere una opción de compra en un stock subyacente, esta comprando el derecho, no la obligación, de comprar una acción del mercado a un costo establecido o a precio de inicio. Cuando es tiempo de comprar acciones, o de ejercitar sus opciones, ya sea en o antes de la madurez, usted ejercita la opción si el precio del mercado es más alto que el precio de inicio de su opción. Ejercitar la opción significa adquirir el stock a precio de inicio y venderlo al valor más alto del mercado para crear ganancia (menos algunos impuestos, costos de transacción, y primas pagadas para obtener la opción). Sin embargo, si el precio es menor al precio de inicio, no compre el stock y sus únicas perdidas serán los costos de transacción y primas. El futuro es difícil de predecir y podría ser forjado con incertidumbre y riesgo. Usted no puede saber con seguridad si un stock específico se incrementará o disminuirá su valor. Esta es la belleza de las opciones: usted puede maximizar sus ganancias (especulación con superiores ilimitados) mientras minimiza las pérdidas (protegiendo la baja al establecer las pérdidas máximas como las primas pagadas en la opción). La misma idea se puede aplicar a los capitales activos. Una firma de capitales puede incluir plantas, patentes, proyectos, investigación e iniciativas de desarrollo, y así por lo consiguiente. Cada uno de estos capitales conlleva un nivel de incertidumbre. Por ejemplo, ¿un proyecto de investigación de una firma multimillonaria generará un producto generador de ingresos? ¿Ayudará a una firma el invertir en la expansión a nuevos mercados de una compañía que comienza? La administración se lo cuestiona todos los días. El software del Súper Enrejado Solucionador de Real Options (colectivamente, el SLS, MSLS, y MNLS) provee a analistas y ejecutivos la habilidad de determinar el valor de invertir en un futuro incierto.

El SLS, SSEM, MNLS, el Creador de Enrejado, Solución de Excel, y Funciones de SLS son apropiados para analistas que se sienten a gusto con el modelado de hoja de cálculo en Excel y con real options valuation. El software viene acompañado de los libros *Análisis de Real Options: Herramientas y Técnicas, 2da Edición, (Wiley, 2005), Riesgo de Modelado (Wiley, 2006), y Evaluando las Opciones de Acciones para el Empleado* (Wiley, 2004) todos por el Dr. Johnathan Mun, quien diseñó el software.[1] Existen varios cursos de entrenamiento que lo acompañan: *Analista de Riesgo Certificado (ARC), Lo Básico de Real Options* y *Real Options Avanzado* también dado por el Dr. Mun. Ya que el software y sus modelos están basados en sus libros, los cursos de entrenamiento cubren todo lo relacionado con real options más profundamente, incluyendo la solución a casos de de negocios de muestra y el marco de real options para casos reales. Se recomienda ampliamente que el usuario se familiarice con los conceptos fundamentales de real options como se describe en *Análisis de Real Options: Herramientas y Técnicas, 2da Edición, (Wiley, 2006).*

---

[1] El diseño del software Real Options SLS y analíticos fueron creados por el Dr. Johnathan Mun, y la programación fue desarrollada por el creador principal J.C. Chin.

TABLA DE CONTENIDOS

PREFACIO...**3**

    Bienvenido al Software del Súper Enrejado Solucionador de Real Options *3*

    ¿Quién debe usar este software? *4*

SECCIÓN I – EMPEZANDO **7**

    1.1 Introducción al Software Súper Enrejado (SLS) y Licencia... *8*

    1.2 Súper Solucionador de Enrejado de Capital Único... *12*

    1.3 Ejemplos SLS de Capital Único *13*

    1.4 Súper Enrejado Solucionador de Capital Múltiple (SESCM) *20*

    1.5 Enrejado Solucionador Multi Nominal... *22*

    1.6 Creador de Enrejado SLS *24*

    1.7 Solución de Excel SLS (SLS, SESCM y Modelos de Volatilidad Cambiante en Excel) *26*

    1.8 Funciones SLS... *29*

    1.9 Evaluador de las Opciones Exóticas Financieras *31*

    1.10 Gráficos de Pago, Tornado, Análisis de Sensibilidad, Tablas de Escenario, Análisis de Convergencia, Monte Carlo Simulación y Arbol de Estrategia *32*

    1.12 Notas Clave SLS y Tips... *41*

SECCIÓN II: ANÁLISIS DE REAL OPTIONS **45**

    2.1 Opciones Americana, Europea, y de Bermuda, y Opciones de Abandono a la Medida *46*

    2.2 Opciones de Contratación Americana, Europea, de Bermuda, y a la Medida *55*

    2.3 Opciones Americana, Europea y de Bermuda y de Expansión a la Medida *60*

    2.4 Opciones de Contratación, Expansión, y Abandono *65*

    2.5 Opciones de Compra Americana, Europea, y de Bermuda Básicas *68*

    2.6 Opciones de Venta Americana, Europea, y de Bermuda Básicas.. *70*

    2.7 Opciones Exóticas de Selector *72*

    2.8 Opciones Compuestas Secuenciales.. *74*

2.9 Opciones Compuestas Secuenciales Multifaseadas *76*

2.10 Opciones Compuestas Secuenciales a la Medida *78*

2.11 Opciones de Curso Dependiente, Curso Independiente, Mutualmente Exclusivas, No Mutualmente Exclusivas

y Combinatorias Complejas de Inversión *80*

2.12 Opciones Compuestas Simultáneas *82*

2.13 Opciones Americana y Europea Usando Enrejados Trinómicos *83*

2.14 Opciones Americana y Europea de Reversión de Media Usando Enrejados Trinómicos *86*

2.15 Opciones de Salto de Difusión Usando Enrejados Cuadranómicos *89*

2.16 Opciones de Arco Iris de Variable Dual Usando Enrejados Pentanómicos *91*

2.17 Opciones Americana y Europea de Barrera Baja *93*

2.18 Opciones Americana y Europea de Barrera Alta *96*

2.19 Opciones Americana y Europea de Barrera Doble y Barreras Exóticas *99*

SECCIÓN III – OPCIONES DE COMPRA PARA EMPLEADOS **101**

3.1 OCE Americana con Periodo de Revestimiento *102*

3.2 OCE Americana con Comportamiento de Ejercicio Subóptimo *104*

3.3 OCE Americana con Revestimiento y Comportamiento de Ejercicio Subóptimo *106*

3.4 OCE Americana con Revestimiento, Comportamiento de Ejercicio Subóptimo, Periodos Blackout y Rango de

Pérdida *108*

SECCIÓN I – EMPEZANDO

Súper Enrejado Solucionador de Capital Único (SLS)

Súper Enrejado Solucionador de Capital Múltiple (MSLS)

Enrejado Solucionador Multi Nominal (MNLS)

Hoja de Auditoria de Enrejado

Creador de Enrejado

Solución de Excel SLS

Funciones SLS

Gráficos de Pago

Tornado

Análisis de Sensibilidad

Tablas de Escenario

Análisis de Convergencia

Monte Carlo Simulación

Arbol de Estrategia

1.1 Introducción al Software Súper Enrejado (SLS) y Licencia

El Software de Súper Enrejado de Real Options (SLS) comprende varios módulos, incluyendo: Súper Enrejado Solucionador Único (SLS), Súper Enrejado Solucionador Múltiple (MSLS), Enrejado Solucionador Multi Nominal (MNLS), Creador de Enrejado, Solución de Excel SLS, y Funciones de SLS. Estos módulos son solucionadores de enrejado multi nominales y binominales a la medida y altamente poderosos y se pueden usar para solucionar muchos tipos de opciones (incluyendo las tres principales familias de opciones: real options la cual involucra capitales físicos e intangibles; opciones financieras la cual involucra capitales financieros y las inversiones de tales capitales; y opciones de acciones para el empleado la cual tiene que ver con capitales provistos a los empleados dentro de una corporación). Este texto ilustra algunas aplicaciones de pruebas de real options, opciones financieras, y opciones de acciones para el empleado que los usuarios encontrarán frecuentemente.

- El **Modelo de Capital Único** se usa primordialmente para resolver opciones con un *capital único* subyacente usando enrejados binómicos. Incluso opciones altamente complejas con un capital único subyacente se pueden resolver usando SLS.

- El **Modelo de Capital Múltiple** se usa para resolver opciones con *capitales múltiples subyacentes* y opciones compuestas secuenciales con *fases múltiples* usando enrejados binómicos. Opciones altamente complejas con capitales múltiples subyacentes y fases pueden ser resueltas usando el MSLS.

- El **Modelo Multi Nominal** usa *enrejados multinómicos (trinómicos, cuadranómicos, y pentanómico)* para resolver opciones específicas que no se pueden resolver usando enrejados binómicos.

- El **Creador de Enrejado** se usa para crea enrejados en Excel con ecuaciones visibles y en vivo, útiles para correr simulaciones Monte Carlo con el software de Simulador de Riesgo (un software añadido en Excel basado en simulación de riesgo, pronóstico, y optimización también desarrollado por Real Options Valuation, Inc.) o para ligar hacia y desde otros modelos de hoja de cálculo. Los enrejados generados también incluyen enrejados de decisión donde se encuentran decisiones estratégicas para ejecutar ciertas opciones y el tiempo óptimo para ejecutar estas opciones.

- La **Solución de Excel SLS** implementa los cómputos SLS y MSLS dentro del ambiente Excel, permitiendo a los usuarios acceder a las funciones SLS y MSLS directamente en Excel. Esta función facilita la construcción del modelo, vincular y fijar formulas y valores, también como correr simulaciones, y provee al usuario plantillas de muestra para crear tales modelos.

- Las **Funciones de SLS** son modelos de opciones reales y financieras directamente accesibles a través de Excel. Esto facilita la construcción del modelo, vincular y fijar, y correr simulaciones.

El software SLS es creado por el Dr. Johnathan Mun, profesor, consultor, y autor de numerosos libros incluyendo Análisis de Real Options: Herramientas y Técnicas, 2da Edición, (Wiley, 2005), Riesgo de Modelado (Wiley, 2006), y Evaluando las Opciones de Acciones para el Empleado: Bajo 2004 FAS 123 (Wiley, 2004). Este software también viene con los materiales presentados en diferentes cursos de entrenamiento en real options, simulación, y valuación de opciones de acciones para el empleado impartidos por el Dr. Mun. Ya que el software y modelos están basados en sus libros, los cursos de entrenamiento cubren el objetivo de real options más profundamente, incluyendo la solución de casos de negocios muestra y el marco de real options de casos reales. Se recomienda ampliamente que el usuario se familiarice con los conceptos fundamentales de opciones reales en Análisis de Real Options: Herramientas y Técnicas, 2da Edición, (Wiley, 2005) antes de hacer un análisis profundo de real options usando este software. Este manual no cubrirá algunos de los temas fundamentales ya discutidos en el libro.

Nota: La 1ra edición de Análisis de Real Options: Herramientas y Técnicas publicada en 2002 muestra que el software de Juego de Herramientas de Análisis de Real Options, un antiguo precursor al Súper Solucionador de Enrejado reemplaza al Juego de Herramientas de Análisis de Real Options al proveer las siguientes mejoras, y es presentado en Análisis de Real Options, 2da edición (2005):

- Todas las inconsistencias, errores de cómputo y defectos han sido arreglados y verificados

- La autorización de cambiar los parámetros de entrada sobre tiempo (opciones a la medida)

- La autorización de cambiar volatilidades con el tiempo

- La incorporación de opciones de Bermuda (periodos de revestimiento y blackout) y Opciones a la Medida

- Capacidades de modelado flexible al crear o ajustar sus propias opciones a la medida

- Mejoras generales para exactitud, precisión, y proeza analítica

Como el creador de ambos software, Súper Solucionador de Enrejado y Juego de Herramientas de Análisis de Real Options (JHARO), el autor sugiere al lector que se enfoque en usar el Súper Solucionador de Enrejado ya que provee muchas mejoras poderosas y flexibilidad analítica sobre su predecesor, JHARO.

El software SLS requiere lo siguiente:

- Windows 7, Windows 8, Windows 10 y más

- Excel 2003, Excel 2007, Excel 2010, Excel 2013

- .NET Framework 2.0/3.0/3.5

- Derechos administrativos (para la instalación del software)

- Mínimo 2GB de RAM

- 350MB de espacio libre en disco duro

El software funcionará en la mayoría de sistemas operativos foráneos tales como Windows o Excel en otro idioma ya que el software ha sido probado para funcionar en la mayoría de los sistemas operativos de Windows pero se requiere un cambio rápido en los ajustes al dar clic en *Inicio | Panel Control | Opciones Regionales e Idiomas*. Seleccione *Español (México)*. Esto se requiere ya que la conversión de numeración es diferente en países extranjeros (e.g., mil dólares y cincuenta centavos se escribe, 1,000.50 en los Estados Unidos al contrario de 1.000,50 en ciertos países europeos).

Para instalar el software, asegúrese que su sistema tenga todos los pre requisitos descritos abajo. Si usted requiere .NET Framework 2.0, por favor verifique el CD de instalación del software e instale el archivo llamado *dotnetfx20.exe* o si usted no tiene el CD de instalación, puede descargar el archivo desde la siguiente localización Web: www.realoptionsvaluation.com/attachments/dotnetfx20.exe. Primero necesita instalar este software antes de proceder con la instalación del software SLS. Note que .NET 2.0 funciona en paralelo con .NET 1.1 y no debe desinstalar una versión en preferencia a la otra. Usted debe tener ambas versiones corriendo actualmente en su computadora para un mejor desempeño.

Después, instale el software SLS ya sea usando el CD de instalación o visitando al siguiente sitio Web: www.realoptionsvaluation.com, dando clic en Descargas, y seleccionando SLS de Real Options. Usted puede seleccionar descargar la versión COMPLETA (en el entendido de que ya ha adquirido el software y ha recibido las claves de licencia permanente y las instrucciones de la licencia permanente para usar software) o una versión de PRUEBA. La versión de prueba es exactamente la misma que la versión completa a excepción de que expira a los 14 días, durante los cuales usted necesitaría la licencia completa para extender el uso del software. Instale el software siguiendo las pantallas que aparecerán.

Si usted tiene una versión de prueba y desea obtener una licencia permanente, visite www.realoptionsvaluation.com y de clic en la liga Adquirir (panel izquierdo del sitio Web) y complete la orden de compra. Entonces usted recibirá las instrucciones pertinentes para instalar la licencia permanente. Vea el Apéndice D y E para detalles adicionales de instalación y el Apéndice F para instrucciones de la licencia de uso. Por favor visite www.realoptionsvaluation.com y dé clic en FAQ y DESCARGAS para actualizaciones sobre instrucciones de instalación y problemas de reparación.

Hay dos licencias como requisito para ejecutar el SLS de Opciones Reales. La primera es la licencia para el programa de SLS de Opciones Reales (Modelo del activo de látiz único, activos múltiples y modelos de múltiples fases, látices multinomial y creador de Látices). La segunda es la licencia para el Evaluador Exótica Financiera y para que la función de SLS sea accesible dentro de Excel. Para activar el programa, siga los siguientes pasos mostrados:

Preparación:

1. Ejecute SLS de Opciones Reales (haga clic sobre Inicio, Programas, Evaluación de Opciones Reales, SLS de Opciones Reales, SLS de Opciones Reales o haga doble clic en el icono del escritorio SLS).

2. Haga clic sobre la liga "1. Activar Licencia de SLS de Opciones Reales" y se le proporcionará el ID del Disco Duro (esto comenzará con el prefijo *SLS* deberá ser entre 12 y 20 dígitos). Tome nota de esta información o copie seleccionando el número de identificación con el clic derecho del mouse y seleccionando copiar, y posteriormente pegar en el correo.

3. Haga clic sobre la liga "2. Funciones de la Licencia & Evaluador de Opciones" y anote esta información o copie la Impresión Digital del Disco Duro (deberá ser de 8 dígitos alfanumérico).

4. Adquiera la Licencia en www.realoptionsvaluation.com haciendo clic sobre la liga de adquisición.

5. Envíe un correo a admin@realoptionsvaluation.com con éstos dos números de identificación y nosotros le enviaremos el archivo de licencia y la clave de licencia. Una ves que usted haya recibido el correo, por favor instale la licencia siguiendo los siguientes pasos.

Instalando las Licencias:

1. Guarde el archivo de la Licencia de SLS en su Disco Duro (el archivo de la licencia que le enviaremos posterior a la compra del programa) y ejecute SLS de Opciones Reales (clic sobre Inicio, Programas, Evaluación de Opciones Reales, SLS de Opciones Reales, SLS de Opciones Reales).

2. Haga clic sobre "1. Licencia de SLS de Opciones Reales" y selecciones ACTIVAR, y a continuación identifique el archivo de licencia que le enviamos.

3. Haga clic sobre "2. Funciones de Licencia & Evaluador de Opciones" e ingrese el NOMBRE y LA CLAVE que nosotros le enviamos.

1.2 Súper Solucionador de Enrejado de Capital Único

La Figura 1 ilustra la Pantalla Principal del software del SLS. Después de instalar el software, el usuario puede acceder a la Pantalla Principal del software SLS al dar clic en *Inicio | Programas | Real Options Valuation | Real Options SLS | Real Options SLS*. Desde esta Pantalla Principal, usted puede correr el modelo de Capital Único, el modelo de Capital Múltiple, el modelo Multinómico, el Creador de Enrejado, abrir modelos de ejemplo, o abrir un modelo ya existente. Puede mover el mouse sobre cualquier de estos artículos para obtener una descripción corta de lo que el módulo hace. También podría adquirir o instalar una nueva licencia permanente recientemente obtenida desde esta pantalla.

Para acceder a las Funciones SLS, Soluciones Excel SLS, o un archivo de cómputo de muestra de Volatilidad, necesitará ir a *Inicio | Programas | Real Options Valuation | Real Options SLS* y seleccione el módulo relevante.

Figura 1 – Súper Enrejado Solucionador Único (SLS)

Para ayudarle a comenzar, varios ejemplos simples están en orden. Una simple opción de compra europea se computa en este ejemplo usando SLS. Para proseguir, en la Pantalla Principal, de clic en Nuevo Modelo de Capital Único, dé clic *Archivo | Ejemplos | Opción de Compra de Vainilla Simple 1*. Este archivo de ejemplo se cargará en el software SLS como se ve en la Figura 2. El Capital Inicial Subyacente PV o el precio de acciones es de $100, y el Costo de Implementación o el precio de inicio es de $100 con una madurez de 5 años. La tasa libre de riesgo anualizada de ganancia es del 5%, y la volatilidad histórica, comparable, o de volatilidad esperada anualizada esperada es del 10%, Dé clic en *Correr* (o Alt-R) y un enrejado binómico de 100 pasos se computa y los resultados indicarán un valor de $23.3975 para ambas opciones de compra, europea y americana. La referencia valúa usando modelos Black-Scholes y de aproximación parcial diferencial de Forma de Cierre Americana también como Opciones de Compra y Venta Europea Binómica y Americana Binómica de vainilla simple estándar con enrejados binómicos de 1,000 pasos también son computados. Note que solo las Opciones de Compra Americana y Europea son seleccionadas y los resultados computados son para estas opciones de compra de vainilla simple Americana y Europea.

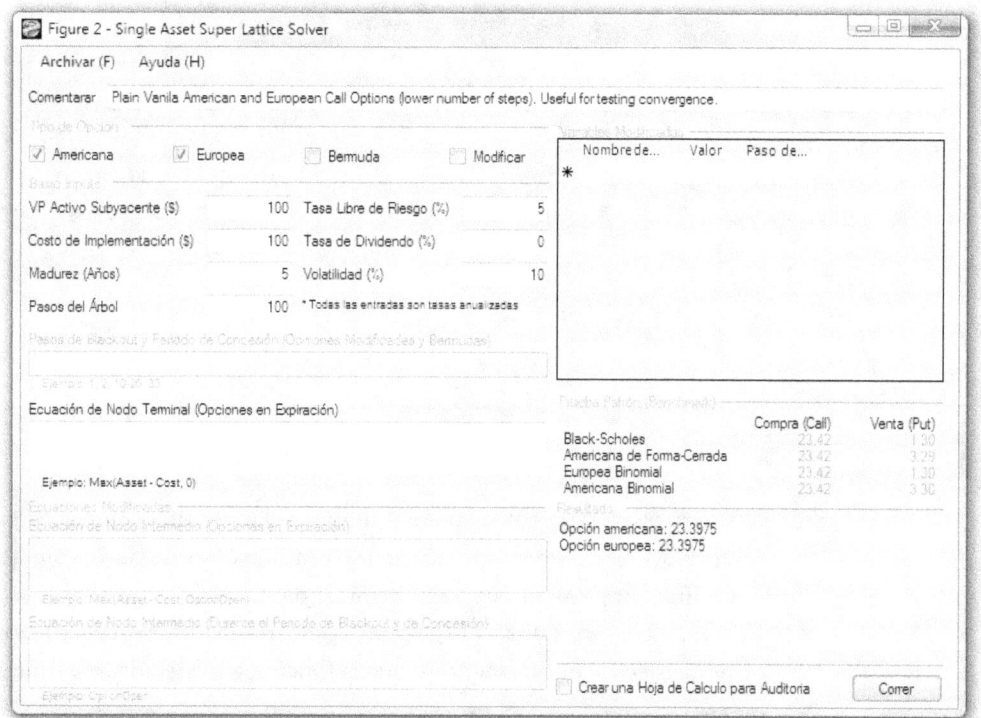

Figura 2 – Resultados SLS de una Opción de Compra Europea y Americana Simple

Los resultados del punto departida uniforme usan ambos modelos de forma de cierre (modelos Black-Scholes y Aproximación de Forma de Cierre) y enrejados binómicos de 1,000 pasos en opciones de vainilla simple. Usted puede cambiar los pasos a *1000* en la sección de entradas básicas para verificar que las respuestas computadas sean equivalentes a los puntos de referencia como se ve en la Figura 3. Note que, claro, los valores computados para las opciones americana y europea son idénticos entre si e idénticos a los valores del punto de referencia de $23.4187, ya que nunca es óptimo ejercitar una opción de compra estándar de vainilla simple antes si no hay dividendos. Tenga cuidado, por supuesto, que entre más alto el paso de enrejado, mas tiempo toma computar los resultados. Se recomienda comenzar con pasos de enrejado más bajos para asegurarse que el análisis es robusto y entonces progresivamente incrementar los pasos de enrejado para checar la convergencia de resultados. Vea el Apéndice A sobre criterios de convergencia en enrejados para más detalles acerca de convergencia de enrejados binómicos así como la cantidad de pasos de enrejado que se requieren para una valuación robusta de opción.

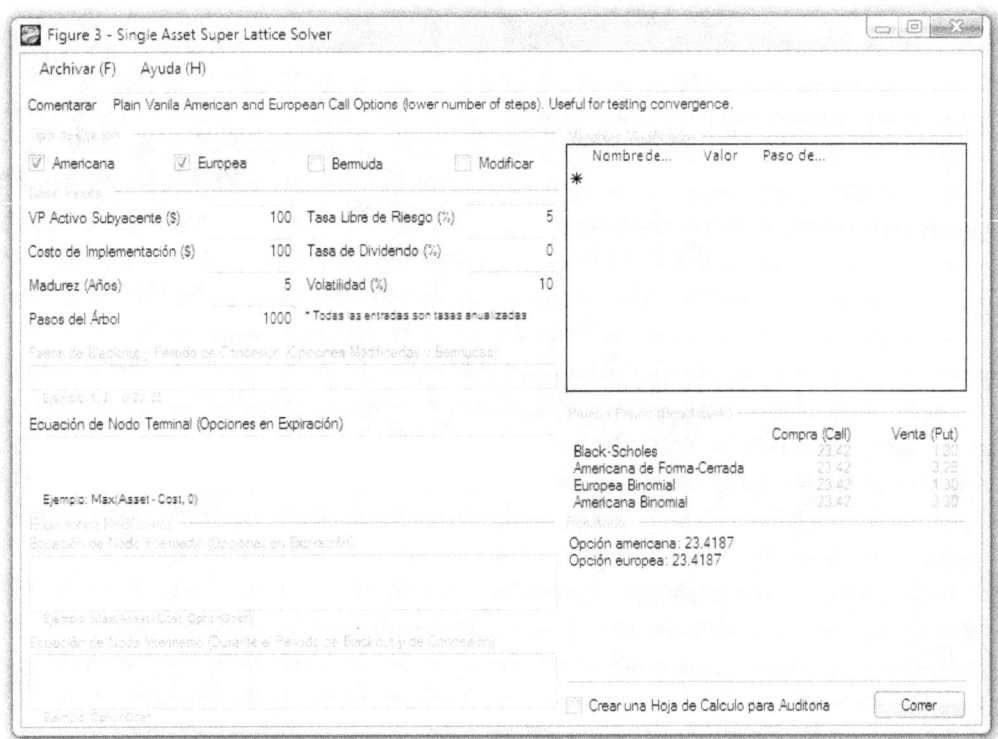

Figura 3 – Comparando Resultados SLS con Puntos de Referencia

Alternadamente, usted puede ingresar Ecuaciones Intermedias y Terminales para opciones de compra para obtener los mismos Resultados. Note que usando 100 pasos y creando su propia Ecuación Terminal de *Max(Asset-Cost,0)* y la Ecuación Intermedia de *Max(Asset-Cost, OptionOpen)* traerá como resultado la misma respuesta. Al ingresar sus propias ecuaciones, asegúrese que la Opción a la Medida se verifique primero.

Al ingresar sus propias ecuaciones, asegúrese que la Opción a la Medida se verifique primero.

La Figura 4 ilustra como se hace. Note que el valor $23.3975 en la Figura 4 está de acuerdo con el valor en la Figura 2. La Ecuación Terminal es el cómputo que ocurre en todos los periodos antes de la madurez, y se computa usando inducción a la inversa. El término *"OptionOpen"* (*OpciónAbrir*) representa "mantener la opción abierta", y es generalmente usada en la Ecuación Intermedia cuando analíticamente representa el hecho de que la opción no se ejecuta pero se mantiene abierta para una posible ejecución futura. De ahí que, en la Figura 4, la Ecuación Intermedia *Max(Asset-Cost, OptionOpen)* representa la decisión de maximización de ganancia en la madurez de, ya sea, ejecutar la opción si está en-el-dinero, o al permitirle a caducar sin valor si está en al-dinero ó fuera-del-dinero.

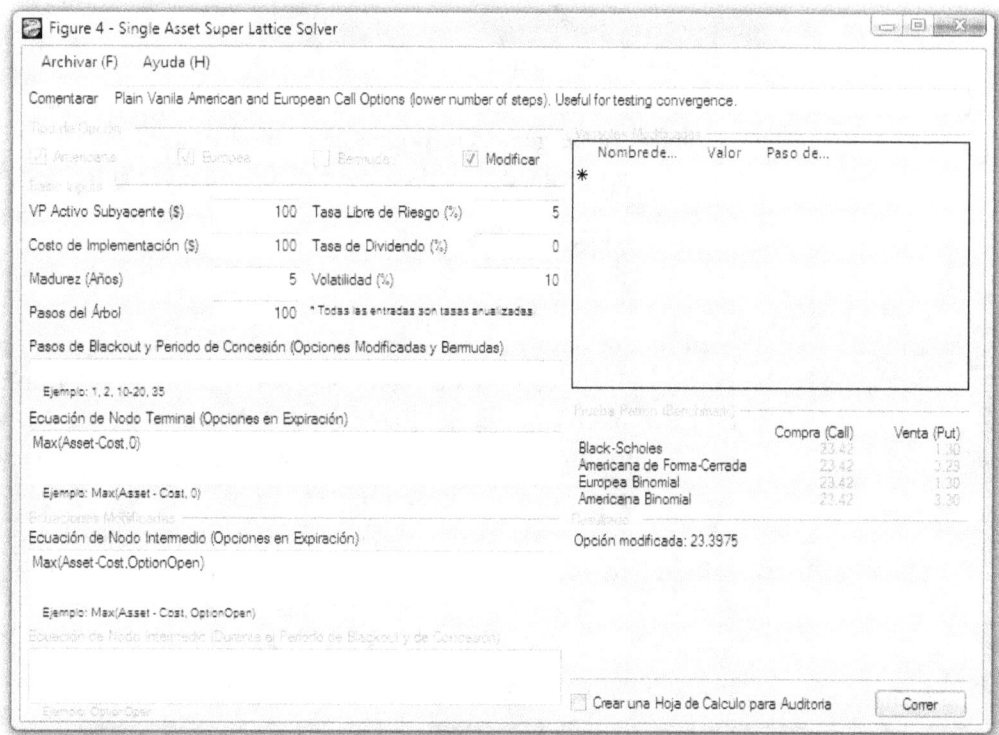

Figura 4 – Entradas de Ecuación a la Medida

Además, usted puede crear una Hoja de Trabajo para Auditoria en Excel para ver una muestra de un enrejado binómico de 10 pasos al checar *Generar Hoja de Trabajo para Auditoria*. Por ejemplo, al cargar el archivo de ejemplo *Opción de Compra de Vainilla Simple 1* y seleccionar la caja se crea una hoja de trabajo como se ve en la Figura 5. Hay varios puntos que deben notarse acerca de esta hoja de trabajo para auditoria.

- La hoja de trabajo para auditoria generada mostrará los primeros 10 pasos del enrejado, sin tomar en cuenta cuantos pasos usted ingrese. Esto es, si usted ingresa 1,000 pasos, los primeros 10 pasos se generarán en vez. Los Cómputos Intermedios y Resultados son para el Súper Enrejado, basados en el número de pasos de enrejado ingresados, y no basados en el enrejado de 10 pasos generado. Para obtener los Cómputos Intermedios para enrejados de 10 pasos, solamente haga correr otra vez el análisis ingresando 10 como pasos de enrejado. De esta manera, la Hoja de Trabajo para Auditoria generada será para un enrejado de 10 pasos, y los resultados desde el SLS ahora serán comparables (Figura 6).

- La hoja de trabajo solo provee valores como si se creyera que el usuario fuese el único que ingresó las ecuaciones intermedia y terminal, por lo tanto no hay necesidad de recrear estas ecuaciones en Excel otra vez. El usuario siempre puede volver a cargar el archivo SLS y ver las ecuaciones o imprimir la forma si se requiere (al dar clic en *Archivo | Imprimir*).

El software también le permite guardar o abrir archivos de análisis. Esto es, todas las entradas en el software serán guardados y pueden ser recuperados para uso futuro. Los resultados no se guardarán porque usted podría accidentalmente borrar o cambiar una entrada y los resultados ya no serán válidos. Además, volver a correr los cómputos del súper enrejado solo le llevará pocos segundos, y siempre se recomienda que se vuelva a correr el modelo cuando abra un archivo de análisis antiguo.

Usted podría también ingresar en Pasos Blackout. Estos son los pasos en el súper enrejado que tendrán diferentes comportamientos que los pasos intermedio y terminal. Por ejemplo, usted puede ingresar *1000* como pasos de enrejado, e ingrese *0-400* como los pasos blackout, y alguna Ecuación de Blackout (e.g., *OptionOpen)*. Esto significa que para los primeros 400 pasos, el poseedor de la opción solo puede mantener la opción abierta. Otros ejemplos incluyen ingresar: *1, 3, 5, 10* si estos son los pasos de enrejado donde ocurren los periodos blackout. Tendrá que calcular los pasos relevantes dentro del enrejado donde existe blackout. Por ejemplo, si blackout existe en años 1 y 3 en un enrejado de 10 pasos de 10 años, entonces los pasos 1, 3 serán las fechas blackout. Esta función de paso blackout resulta útil al analizar opciones con periodos de retención, periodos de revestimiento, o periodos donde la opción no puede ser ejecutada. Las opciones de compra del empleado tienen periodos blackout y revestimiento, y ciertas opciones reales contractuales tienen periodos donde la opción no se puede ejecutar (e.g., periodos de enfriamiento, o periodos a prueba de concepto).

Si las ecuaciones se ingresan en la caja de Ecuación Terminal y se escogen las opciones Americana, Europea, o de Bermuda, la ecuación Terminal que ingresó será la que se use en el súper enrejado para los nodos terminales. Sin embargo, para los nodos intermedios, la opción Americana asumirá la misma ecuación terminal más la habilidad de mantener la opción abierta,; la opción Europea asumirá que la opción solo se puede mantener abierta y no ejecutada; mientras que la opción de Bermuda asumirá que durante los pasos blackout, la opción se mantendrá abierta y no podrá ser ejecutada. Si también desea ingresar la Ecuación Intermedia, la Opción a la Medida se debe de escoger primero (de otra manera no podrá usar la caja de Ecuación Intermedia). El resultado de la Opción a la Medida usará todas las ecuaciones que haya ingresado en las secciones Terminal, Intermedio, e Intermedio con Blackout.

La lista de Variables a la Medida es donde usted puede agregar, modificar o borrar variables a la medida, las variables que se requieren más allá de las entradas básicas. Por ejemplo, al correr una opción de abandono, usted requerirá el valor residual. Usted puede añadir esto a la lista de Variables a la Medida, déle un nombre (el nombre de una variable debe de ser de una sola palabra sin espacios), el valor apropiado, y el paso a comenzar cuando este valor llegue a ser efectivo. Esto es, si usted tiene múltiples valores residuales (i.e., si los valores residuales cambian con el tiempo), usted puede ingresar el mismo nombre de variable (e.g., *residual*) varias veces, pero cada vez, su valor cambia y usted puede especificar cuando el valor residual apropiado es efectivo. Por ejemplo, en un problema de súper enrejado de 100 pasos de 10 años donde hay dos valores residuales--$100 ocurriendo dentro de los primeros 5 años y se incrementa a $150 al principio del Año 6—usted ingresar dos variables residuales con el mismo nombre, $100 con un paso inicial de 0, y $150 con un paso inicial de 51. Tenga cuidado aquí ya que el Año 6 empieza en el paso 51 y no en el 61, Esto es, para una opción de 10 años con un enrejado de 100 pasos, tenemos: Pasos 1-10 = Año 1; Pasos11-20 = Año 2; Pasos 21-30 = Año 3; Pasos 31-40 = Año 4; Pasos 41-50 = Año 5; Pasos 51-60 = Año 6; Pasos 61-70 = Año 7; Pasos 71-80 = Año 8; Pasos 81-90 = Año 9; Pasos 91-100 = Año 10. Finalmente, incorporar 0 como paso blackout indica que la opción no puede ser ejecutada inmediatamente.

El nombre de una Variable a la Medida debe de ser una sola palabra continua.

Option Valuation Audit Sheet

Assumptions

PV Asset Value ($)	$100.00
Implementation Cost ($)	$100.00
Maturity (Years)	5.00
Risk-free Rate (%)	5.00%
Dividends (%)	0.00%
Volatility (%)	10.00%
Lattice Steps	100
Option Type	European

Terminal Equation
Intermediate Equation
Intermediate Equation (Blackouts)

Intermediate Computations

Stepping Time (dt)	0.0500
Up Step Size (up)	1.0226
Down Step Size (down)	0.9779
Risk-neutral Probability	0.5504

Results

Auditing Lattice Result (10 steps)	23.19
Super Lattice Results)	23.40

Underlying Asset Lattice

										125.06
									122.29	
								119.59		119.59
							116.94		116.94	
						114.36		114.36		114.36
					111.83		111.83		111.83	
				109.36		109.36		109.36		109.36
			106.94		106.94		106.94		106.94	
		104.57		104.57		104.57		104.57		104.57
	102.26		102.26		102.26		102.26		102.26	
100.00		100.00		100.00		100.00		100.00		100.00
	97.79		97.79		97.79		97.79		97.79	
		95.63		95.63		95.63		95.63		95.63
			93.51		93.51		93.51		93.51	
				91.44		91.44		91.44		91.44
					89.42		89.42		89.42	
						87.44		87.44		87.44
							85.51		85.51	
								83.62		83.62
									81.77	
										79.96

Option Valuation Lattice

										45.33
									42.81	
								40.35		39.96
							37.97		37.58	
						35.66		35.27		34.87
					33.43		33.04		32.64	
				31.27		30.88		30.49		30.09
			29.18		28.80		28.41		28.02	
		27.18		26.79		26.41		26.02		25.64
	25.25		24.87		24.49		24.11		23.73	
23.40		23.03		22.65		22.28		21.90		21.52
	21.26		20.90		20.53		20.16		19.79	
		19.22		18.86		18.50		18.14		17.77
			17.28		16.93		16.58		16.22	
				15.45		15.10		14.76		14.41
					13.71		13.38		13.05	
						12.09		11.77		11.45
							10.58		10.27	
								9.19		8.89
									7.91	
										6.74

Figura 5 – Hoja de Trabajo para Auditoria Generada por SLS

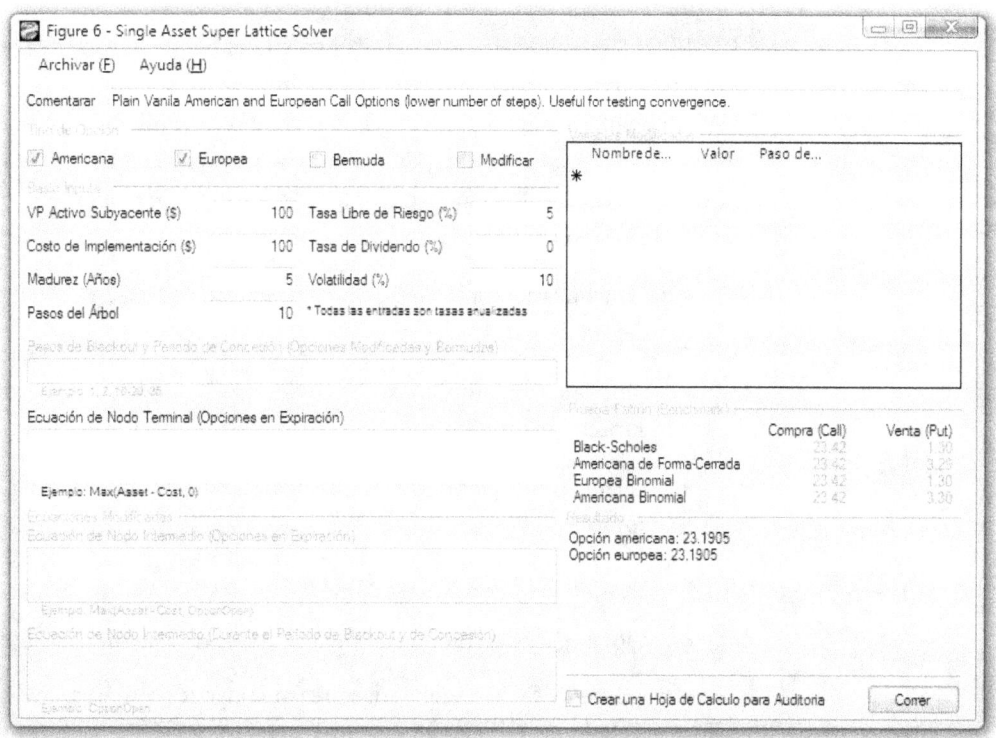

Figura 6 – Resultados SLS con un Enrejado de 10 Pasos

1.4 Súper Enrejado Solucionador de Capital Múltiple (SESCM)

El SESCM es una extensión del SLS ya que el SESCM puede ser usado para solucionar opciones con capitales subyacentes múltiples y fases múltiples. El SESCM permite al usuario ingresar capitales subyacentes múltiples también como múltiple enrejados de valuación. Estos enrejados de valuación pueden llamar a variables a la medida de usuarios definidos. Algunos ejemplos de los tipos de opciones en los que el SESCM puede ser usado para solucionar incluyen:

- Opciones Compuestas Secuenciales (dos-, tres-, y opciones secuenciales multi faseadas))

- Opciones Compuestas Simultáneas (capitales múltiples con opciones simultáneas múltiples)

- Selector y Opciones Cambiantes (escoger entre varias opciones y capitales subyacentes))

- Opciones Flotantes (escoger entre ofertas y demandas)

- Opciones de Capital Múltiple (modelos de opción binómicos en 3D)

El software de SESCM tiene varias áreas incluyendo un área de *Madurez* y *Comentario*. El valor de Madurez es un valor global para la opción entera, sin tomar en cuenta de cuantos enrejados subyacentes o de valuación existan. El campo de *Comentario* es para sus notas personales describiendo el modelo que esta construyendo. También hay una sección de *Pasos de Periodo Blackout y Revestimiento* y una lista de *Variables a la Medida* similar al SLS. El SESCM también le permite crear Hojas de Trabajo para Auditoria. Note también que el interfaz de usuario es ajustable (e.g., puede dar clic y arrastrar el lado correcto de la forma para ampliarla más).

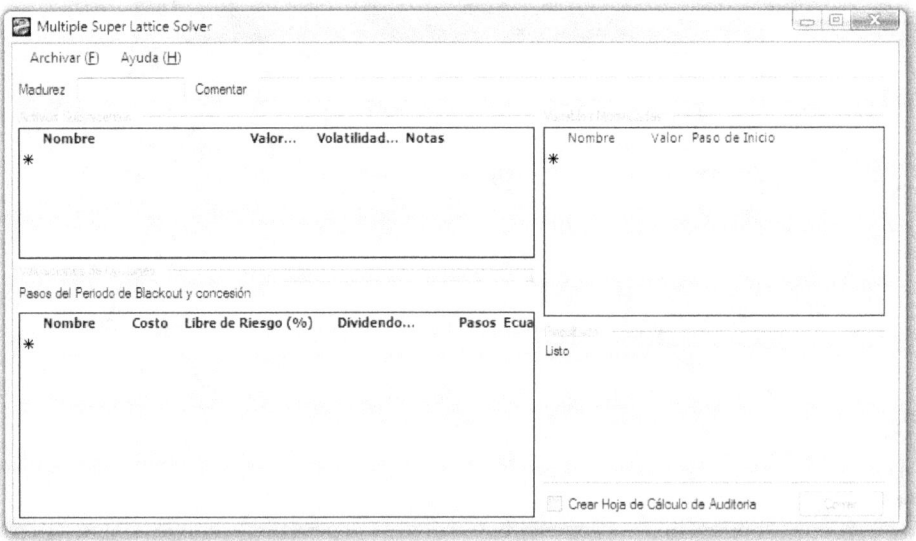

Figura 8 – Súper Enrejado Solucionador Múltiple

Para ilustrar el poder del SESCM, una simple ilustración esta a la orden. Dé click en *Inicio | Programas | Real Options Valuation | Real Options SLS | Real Options SLS* o haga doble clic en el icono del escritorio SLS. En la Pantalla Principal, dé clic en *Nuevo Modelo de Opción de Capital Múltiple*, y entonces seleccione *Archivo | Ejemplos | Opción Compuesta Secuencial de Dos Fases Simple*. La Figura 9 muestra el ejemplo de SESCM cargado. En este ejemplo, un capital subyacente único se crea con dos fases de valuación.

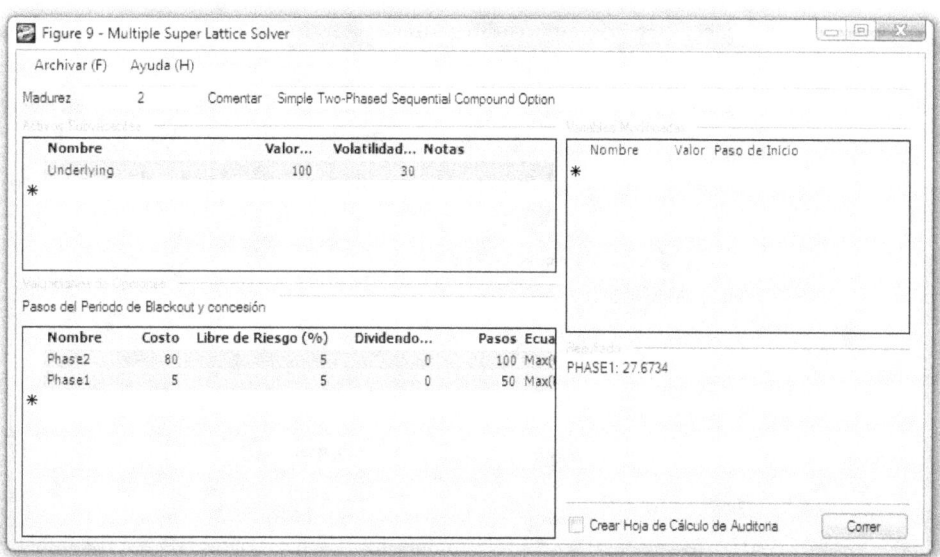

Figura 9 – Solución SESCM a una Opción Compuesta Secuencial de Dos Fases Simple

El árbol de estrategia para esta opción se ve en la Figura 10. El proyecto se ejecuta en dos fases---la primera fase dentro del primer año cuesta $5millones, mientras que la segunda fase dentro de dos años, pero solo después de que la primera fase sea ejecutada, cuesta $8 millones, ambas al valor del dólar actual. El Capital PV del proyecto es de $100 millones (NVP es por lo tanto de $15 millones), y enfrenta el 30% de volatilidad en sus flujos de efectivo (vea el Apéndice en Volatilidad para los cómputos de volatilidad relevantes). El valor estratégico computado usando el SESCM es de $27.67 millones, indicando que hay un valor de opción de $12.67 millones. Esto es, esparciendo y representando la inversión en dos fases tiene valor significante (un valor esperado de $12.67 millones para ser exacto). Vea las secciones sobre opciones compuestas para más ejemplos e interpretación de resultados.   .

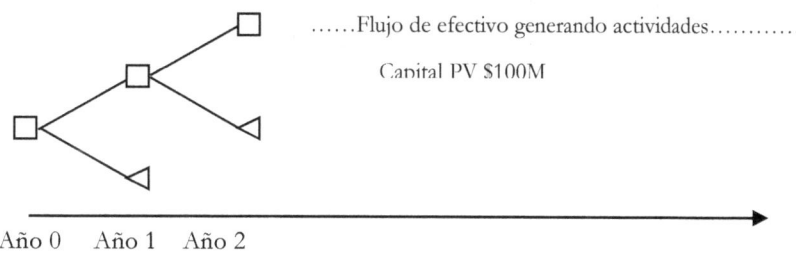

Figura 10 – Árbol de Estrategia para Opción Compuesta Secuencial de Dos Fases

1.5 Enrejado Solucionador Multi Nominal

El *Enrejado Solucionador Multi Nominal* (MNLS) es otro módulo del software Súper Enrejado Solucionador de Real Options. El MNLS aplica enrejados multi nominales---donde múltiples ramas se extienden desde cada nodo---tales como trinómicos (tres ramas), cuadranómicos (cuatro ramas), y pentanómicos (cinco ramas). La Figura 11 ilustra el modulo MNLS. El módulo tiene una sección de Entradas Básicas, donde todas las entradas comunes para los multi nominales se enlistan aquí. Entonces, hay cuatro secciones con cuatro diferentes aplicaciones multi nominales completas con las entradas adicionales requeridas y los resultados para ambas opciones de compra y venta, americana y europea. Para proseguir con este ejemplo, en la *Pantalla Principal*, dé clic en *Nuevo Modelo de Opción Multi Nominal*, y entonces seleccione *Archivo | Ejemplos | Opción de Compra Americana Trinómica* y establezca el dividendo al 0% y luego de "correr".

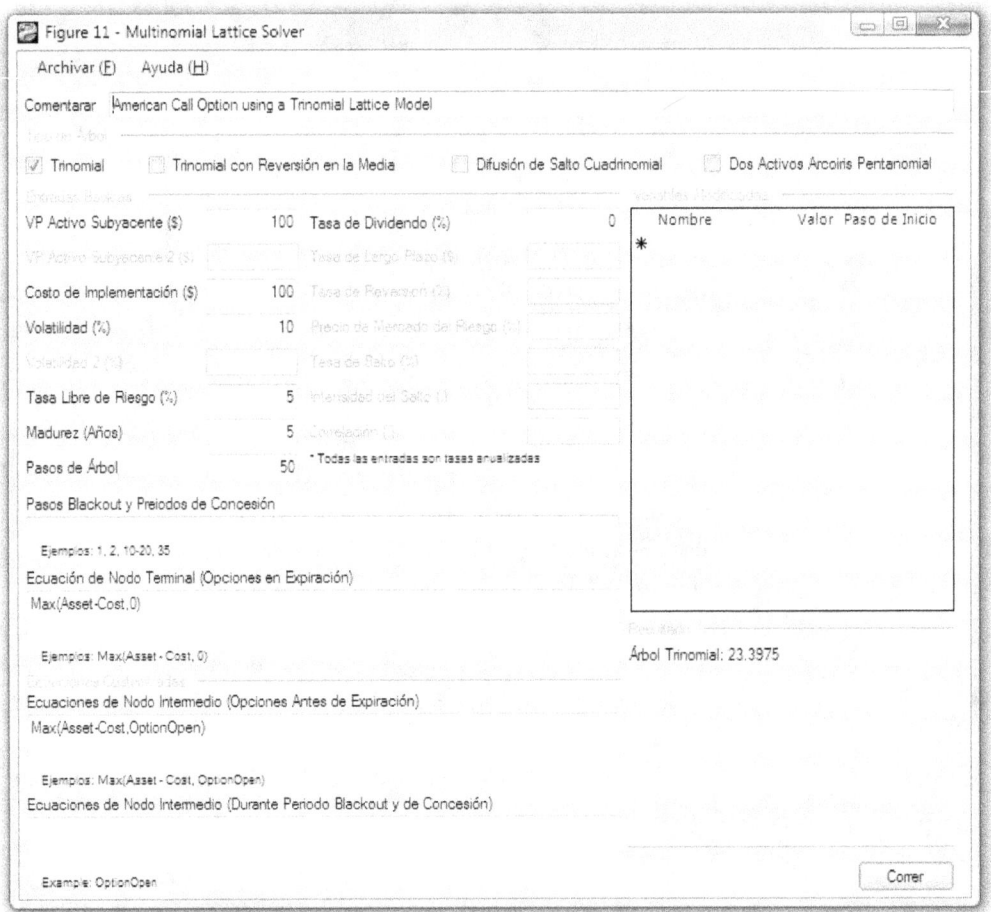

Figura 11 – Enrejado Solucionador Multi Nominal

La Figura 11 muestra un ejemplo de cómputo de opción de compra y venta usando enrejados trinómicos. Note que los resultados mostrados en la Figura 11 usando un enrejado de 50 pasos son equivalentes a los resultados mostrados en la Figura 2 usando un enrejado binómico de 100 pasos. De hecho, un enrejado trinómico o cualquier enrejado multi nominal proveen respuestas idénticas al enrejado binómico al límite, pero la convergencia se alcanza más rápido a pasos más bajos. Ya que ambos logran resultados idénticos al límite pero los trinómicos son mucho más difíciles de calcular y llevan más tiempo en computar, en práctica, el enrejado binómico es emplea usualmente a su vez. No obstante, al usar el software SLS, los tiempos de computación son solo segundos, haciendo esto tradicionalmente difícil, correr el modelo computable casi instantáneamente. Sin embargo, un trinómico se requiere solo bajo una circunstancia especial: cuando el capital subyacente sigue un proceso de reversión de media.　　.

Con la misma lógica, los cuadranómicos y pentanómicos alcanzan resultados idénticos que el enrejado binómico con la excepción de que estos enrejados multi nómicos puedan ser usados para solucionar las siguientes condiciones especiales limitantes:

- Trinómicos: Los resultados son idénticos a los binómicos y son más apropiados cuando se usan para solucionar capitales subyacentes de reversión de media.

- Cuadranómicos: Los resultados son idénticos a los binómicos y son más apropiados cuando se usan para solucionar opciones cuyos capitales subyacentes siguen procesos de salto de difusión.

- Pentanómicos: Los resultados son idénticos a los binómicos y son más apropiados cuando se usan para solucionar dos capitales subyacentes que están combinadamente juntos, llamada opciones de arco iris (e.g., precio y cantidad se multiplican para obtener ganancias totales, pero el precio y cantidad siguen, cada uno, un enrejado subyacente diferente con su propia volatilidad pero ambos parámetros subyacentes podrían ser correlacionados uno con el otro).

Vea las secciones sobre Reversión de Media, Salto de Difusión, y opciones de Arco Iris para más detalles, ejemplos, e interpretación de resultados. Además, exactamente como en los módulos de enrejado de capital múltiple y capital único, usted puede hacer a la medida estos enrejados multi nominales usando sus propias ecuaciones a la medida y variables a la medida.

1.6 Creador de Enrejado SLS

El módulo Creador de Enrejado es capaz de generar enrejados binómicos y enrejados de decisión con fórmulas visibles en una hoja de cálculo de Excel (es compatible con Excel XP, 2003, y 2007). La Figura 12 ilustra una opción de ejemplo generada usando este módulo. La ilustración muestra las entradas del modulo (puede obtener este módulo al dar clic en *Crear Un Enrejado* desde la *Pantalla Principal*) y el enrejado de salida resultante. Note que las ecuaciones visibles están ligadas a las hojas de cálculo existentes, lo cual significa que este módulo será útil al correr simulaciones Monte Carlo o cuando se usen para conectar desde y para otros modelos de hoja de cálculo. Los resultados pueden ser también usados como una presentación y herramienta de aprendizaje para ver dentro de la caja negra analítica de enrejados binómicos. Lo último, pero no menos importante, un enrejado de decisión esta también disponible con nodos de decisión específicos indicando tiempos óptimos esperados de ejecución de ciertas opciones en este módulo. Los resultados generados desde este módulo son idénticos a aquellos generados usando el SLS y funciones de Excel, pero tiene la ventaja añadida de un enrejado visible (enrejados de más de 200 pasos pueden generarse usando este módulo).

Customized Real Options Results

Assumptions

- PV Asset Value ($)
- Volatility (%)
- Risk-free Rate (%)
- Dividends (%)
- Maturity (Years)
- Lattice Steps
- Option Type

- Implementation Cost ($)
- Expansion Factor
- Expansion Cost ($)
- Contraction Factor
- Contraction Saving ($)
- Abandonment Salvage ($)

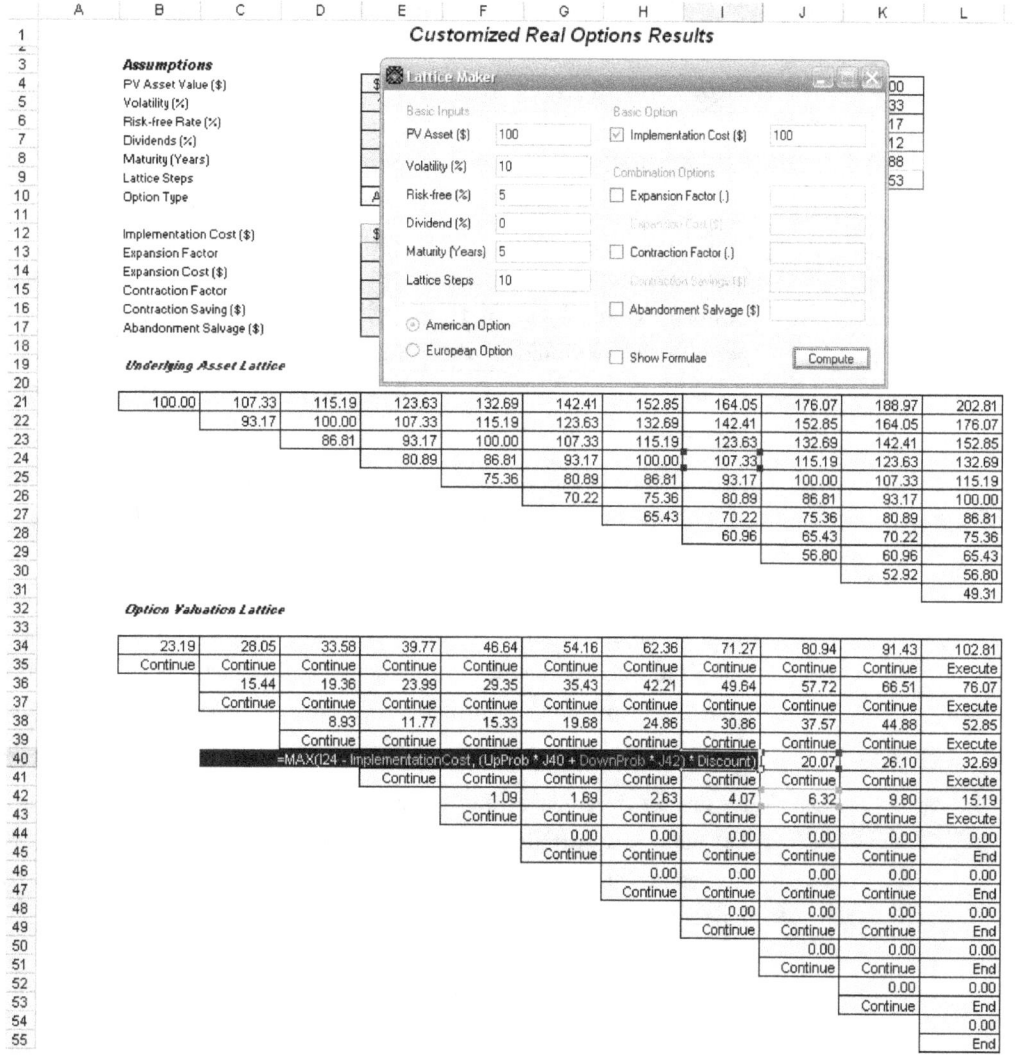

Lattice Maker

Basic Inputs

PV Asset ($)	100
Volatility (%)	10
Risk-free (%)	5
Dividend (%)	0
Maturity (Years)	5
Lattice Steps	10

○ American Option
○ European Option

Basic Option

☑ Implementation Cost ($) 100

Combination Options

☐ Expansion Factor (.)
   Expansion Cost ($)
☐ Contraction Factor (.)
   Contraction Savings ($)
☐ Abandonment Salvage ($)

☐ Show Formulae   [Compute]

Underlying Asset Lattice

100.00	107.33	115.19	123.63	132.69	142.41	152.85	164.05	176.07	188.97	202.81
	93.17	100.00	107.33	115.19	123.63	132.69	142.41	152.85	164.05	176.07
		86.81	93.17	100.00	107.33	115.19	123.63	132.69	142.41	152.85
			80.89	86.81	93.17	100.00	107.33	115.19	123.63	132.69
				75.36	80.89	86.81	93.17	100.00	107.33	115.19
					70.22	75.36	80.89	86.81	93.17	100.00
						65.43	70.22	75.36	80.89	86.81
							60.96	65.43	70.22	75.36
								56.80	60.96	65.43
									52.92	56.80
										49.31

Option Valuation Lattice

23.19	28.05	33.58	39.77	46.64	54.16	62.36	71.27	80.94	91.43	102.81
Continue	Continue	Continue	Continue	Continue	Continue	Continue	Continue	Continue	Continue	Execute
	15.44	19.36	23.99	29.35	35.43	42.21	49.64	57.72	66.51	76.07
	Continue	Continue	Continue	Continue	Continue	Continue	Continue	Continue	Continue	Execute
		8.93	11.77	15.33	19.68	24.86	30.86	37.57	44.88	52.85
		Continue	Continue	Continue	Continue	Continue	Continue	Continue	Continue	Execute
		=MAX(I24 - ImplementationCost, (UpProb * J40 + DownProb * J42) * Discount)						20.07	26.10	32.69
			Continue	Continue	Continue	Continue	Continue	Continue	Continue	Execute
				1.09	1.69	2.63	4.07	6.32	9.80	15.19
				Continue	Continue	Continue	Continue	Continue	Continue	Execute
					0.00	0.00	0.00	0.00	0.00	0.00
					Continue	Continue	Continue	Continue	Continue	End
						0.00	0.00	0.00	0.00	0.00
						Continue	Continue	Continue	Continue	End
							0.00	0.00	0.00	0.00
							Continue	Continue	Continue	End
								0.00	0.00	0.00
								Continue	Continue	End
									0.00	0.00
									Continue	End
										0.00
										End

Figura 12 – Módulo de Creador de Enrejado y Resultados de Hoja de Trabajo con Ecuaciones Visibles

1.7 Solución de Excel SLS (SLS, SESCM y Modelos de Volatilidad Cambiante en Excel)

El software SLS también le permite crear sus propios modelos en Excel usando opciones a la medida. Esto es una funcionalidad importante ya que ciertos modelos podrían requerir ligarse a otras hojas de cálculo o bases de datos, correr ciertos macros y funciones Excel, o ciertas entradas necesitan ser simuladas, o entradas que podrían cambiar sobre el curso de modelado de sus opciones. Esta compatibilidad Excel le permite la flexibilidad de innovar dentro del ambiente de la hoja de cálculo. Específicamente, la hoja de trabajo de muestra soluciona el modelo SLS, SESCM, y de Volatilidad Cambiante.

Para ilustrar, la Figura 13 muestra una Opción de Abandono a la Medida resuelta usando SLS (desde el *Módulo de Capital Único*, dé clic en *Archivo | Ejemplos | Opción de Abandono a la Medida*). El mismo problema se puede solucionar usando *Solución de Excel SLS* al dar clic en *Inicio | Programas | Real Options Valuation | Real Options SLS | Solución de Excel* o haga doble clic en el icono del escritorio SLS. La solución de muestra se ve en la Figura 14. Note que los mismos resultados usando el SLS versus el archivo Solución de Excel SLS. Usted puede usar la plantilla provista al solo dar clic en *Archivo | Guardar Como* en Excel y use el nuevo archivo para sus propias necesidades de modelado.

La única diferencia es que en la Solución de Excel, la función (celda B 18 en la Figura 14) tiene una entrada añadida, específicamente, el *Tipo de Opción*. Si el valor del tipo de opción se establece a 0, usted obtiene una opción Americana; 1 para la opción europea; 2 para la opción de Bermuda; y 3 para las opciones a la medida.

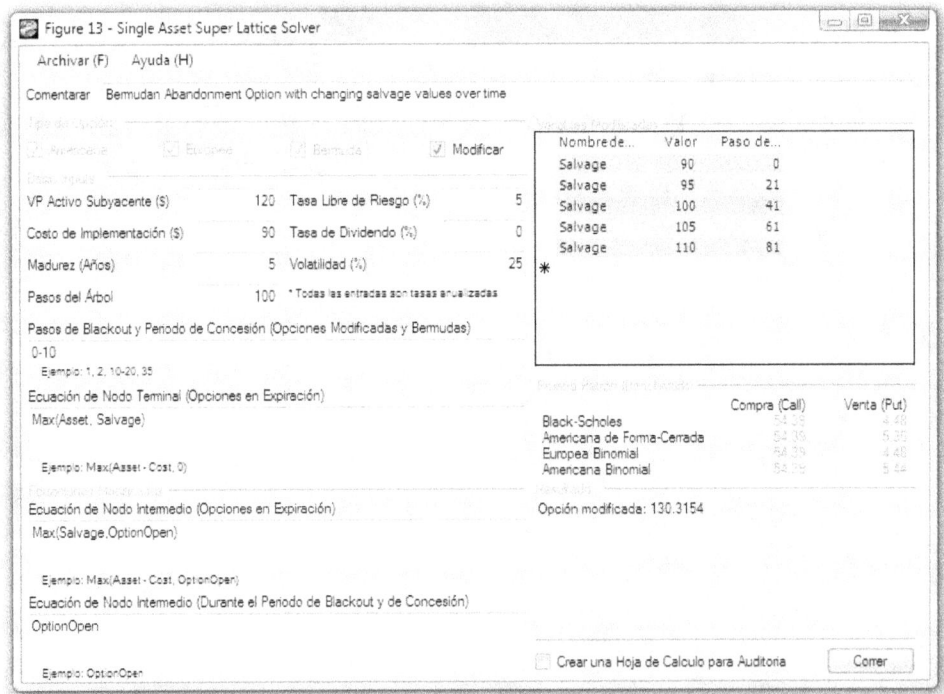

Figura 13 – Opción de Abandono a la Medida usando SLS

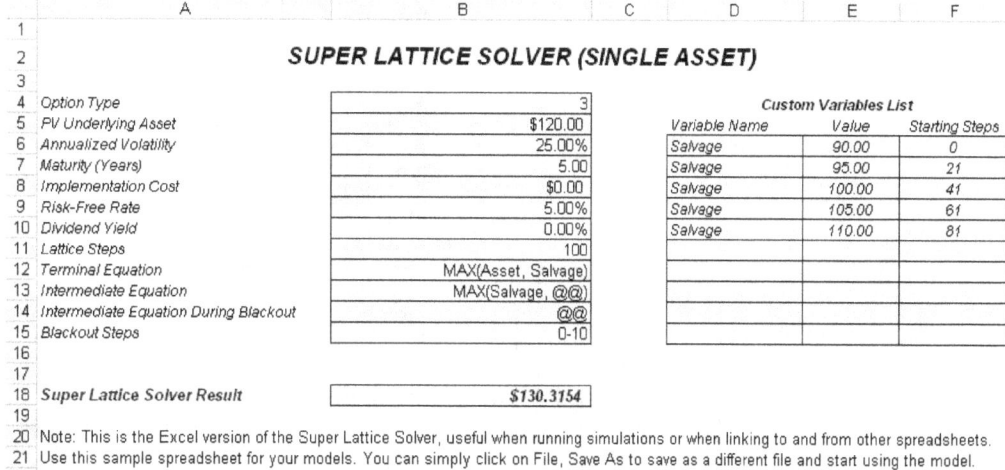

	A	B	C	D	E	F
1						
2		**SUPER LATTICE SOLVER (SINGLE ASSET)**				
3						
4	Option Type	3		*Custom Variables List*		
5	PV Underlying Asset	$120.00		*Variable Name*	*Value*	*Starting Steps*
6	Annualized Volatility	25.00%		Salvage	90.00	0
7	Maturity (Years)	5.00		Salvage	95.00	21
8	Implementation Cost	$0.00		Salvage	100.00	41
9	Risk-Free Rate	5.00%		Salvage	105.00	61
10	Dividend Yield	0.00%		Salvage	110.00	81
11	Lattice Steps	100				
12	Terminal Equation	MAX(Asset, Salvage)				
13	Intermediate Equation	MAX(Salvage, @@)				
14	Intermediate Equation During Blackout	@@				
15	Blackout Steps	0-10				
16						
17						
18	**Super Lattice Solver Result**	$130.3154				
19						
20	Note: This is the Excel version of the Super Lattice Solver, useful when running simulations or when linking to and from other spreadsheets.					
21	Use this sample spreadsheet for your models. You can simply click on File, Save As to save as a different file and start using the model.					
22	For the option type, set 0 = American, 1 = European, 2 = Bermudan, 3 = Custom					
23	The function used is: *SLSSingle*					

Figura 14 – Opción de Abandono a la Medida usando Solución de Excel SLS

Similarmente, el SESCM puede también ser resuelto usando el Solucionador de Excel SLS. La Figura 15 muestra una opción compuesta secuencial multi-faseada compleja resuelta usando el Solucionador de Excel SLS. Los resultados mostrados aquí son idénticos a los Resultados generados desde el módulo SESCM (archivo de ejemplo: *Opción Compuesta Secuencial Multi-Faseada Compleja*). Una pequeña nota de cuidado aquí es que si usted añade o reduce el número de enrejados de valuación de opciones se debe de asegurar de que cambia la liga de la función por el Resultado de SESCM para incorporar el número correcto de filas de otra manera el análisis no computará apropiadamente. Por ejemplo, el default muestra enrejados de valuación de opciones 3 y al seleccionar la celda de Resultados SESCM en la hoja de cálculo y dar clic en *Insertar | Función*, usted verá que la función enlaza a las celdas A24:h26 para estas tres filas para la entrada de los OVEnrejados en la función. Si usted añade otro enrejado de valuación de opción, cambia el enlace a A24:H27, y así sucesivamente. Usted también puede dejar la lista de variables a la medida tal y como está. Los resultados no serán afectados si estas variables no son usadas en las ecuaciones a la medida.

Finalmente, la Figura 16 muestra una Opción de Volatilidad Cambiante y Opción de Tasa Libre de Riesgo Cambiante. En este modelo, los alcances de la volatilidad y de libre de riesgo son permitidos para cambiar con el tiempo y un enrejado de no recombinación se requiere para solucionar la opción. En la mayoría de los casos, se recomienda que usted mismo creé modelos de opción sin el término de estructura de volatilidad cambiante. Esto es porque el obtener una volatilidad única es lo suficientemente difícil para dejarla sola en una serie de volatilidades cambiantes con el tiempo. Si las diferentes volatilidades que son inciertas necesitan ser modeladas, corra una simulación de Monte Carlo sobre volatilidades en vez. Este modelo debe ser solamente usado cuando las volatilidades sean modeladas robustamente y las volatilidades sean más bien certeras y cambien con el tiempo. El mismo consejo aplica para el término de estructura de tasa libre de riesgo cambiante.

MULTIPLE SUPER LATTICE SOLVER (MULTIPLE ASSET & MULTIPLE PHASES)

Maturity (Years)	5.00
Blackout Steps	0-20
Correlation*	

MSLS Result $134.0802

Underlying Asset Lattices

Lattice Name	PV Asset	Volatility
Underlying	100.00	25.00

Custom Variables

Name	Value	Starting Steps
Salvage	100.00	31
Salvage	90.00	11
Salvage	80.00	0
Contract	0.90	0
Expansion	1.50	0
Savings	20.00	0

Option Valuation Lattices

Lattice Name	Cost	Riskfree	Dividend	Steps	Terminal Equation	Intermediate Equation	Intermediate Equation for Blackout
Phase3	50.00	5.00	0.00	50	Max(Underlying*Expansion-Cost,Underlying,Salvage)	Max(Underlying*Expansion-Cost,Salvage,@@)	@@
Phase2	0.00	5.00	0.00	30	Max(Phase3,Phase3*Contract+Savings,Salvage,0)	Max(Phase3*Contract+Savings,Salvage,@@)	@@
Phase1	0.00	5.00	0.00	10	Max(Phase2,Salvage,0)	Max(Salvage,@@)	@@

Note: This is the Excel version of the Multiple Super Lattice Solver, useful when running simulations or when linking to and from other spreadsheets.
Use this sample spreadsheet for your models. You can simply click on File, Save As to save as a different file and start using the model.
*Because this is an Excel solution, the correlation function is not supported and is linked to an empty cell.

Figura 15 – Opción Compuesta Secuencial Compleja de Solucionador Excel SLS

Changing Volatility and Risk-Free Rates

Assumptions

PV Asset ($)	$100.00
Implementation Cost ($)	$100.00
Maturity in Years (.)	10.00
Vesting in Years (.)	4.00
Dividend Rate (%)	0.00%

Results

Generalized Black-Scholes	$48.78
10-Step Super Lattice	$49.15
Super Lattice Steps	10 Steps ▾

Additional Assumptions

Year	Risk-free %		Year	Volatility %
1.00	5.00%		1.00	20.00%
2.00	5.00%		2.00	20.00%
3.00	5.00%		3.00	20.00%
4.00	5.00%		4.00	20.00%
5.00	5.00%		5.00	20.00%
6.00	5.00%		6.00	30.00%
7.00	5.00%		7.00	30.00%
8.00	5.00%		8.00	30.00%
9.00	5.00%		9.00	30.00%
10.00	5.00%		10.00	30.00%

Please be aware that by applying multiple changing volatilities over time, a non-recombining lattice is required, which increases the computation time significantly. In addition, only smaller lattice steps may be computed. The function used is: SLSBinomialChangingVolatility

Figura 16 – Opción de Tasa Libre de Riesgo y Volatilidad Cambiante

1.8 Funciones SLS

El software también provee una serie de funciones de SLS que son directamente accesibles en Excel. Para ilustrar su uso, inicie las Funciones SLS al dar clic en *Inicio | Programas | Real Options Valuation | Real Options SLS | Funciones SLS*, y Excel iniciará. Cuando esté en Excel, puede dar clic en el icono de la función experta o solamente seleccione una celda vacía y de clic en *Insertar | Función*. Cuando esté en la ecuación experta de Excel, seleccione la categoría *TODOS* y desplace hacia las funciones empezando con los prefijos SLS. Aquí usted verá una lista de funciones SLS que están listas para usarse en Excel. La Figura 17 muestra el experto de ecuación de Excel.

Revise sus ajustes de seguridad de la macro antes de iniciar (en Excel, dé clic en Herramientas, Macro, Seguridad) y asegúrese que está establecida en Medio o Bajo.

Inicie el modulo de Funciones Excel y seleccione la categoría TODOS cuando esté en la función experta de Excel, entonces desplace hacia abajo para acceder a las funciones SLS.

Suponga que selecciona la primera función, *SLSBinomialAmericanCall* y dé clic. La Figura 17 muestra como puede ligarse la función a un modelo de Excel existente. Los valores en las celdas B1 a B7 pueden ser ligados desde otros modelos u hojas de cálculo, o pueden ser creadas usando macros VBA, o pueden ser dinámicas y cambiantes como cuando se corre una simulación.

Nota: Tenga en cuanta que ciertas funciones requieren varias variables de entrada, y le ecuación experta solo puede mostrar 5 variables al mismo tiempo. Por lo tanto, recuerde desplazar la lista de las variables al dar clic en la barra vertical de desplazamiento para acceder al resto de las variables.

Esto concluye una mirada rápida al software. Ahora usted está equipado para empezar a usar el software SLS para construir y solucionar opciones reales, opciones financieras, y problemas de opciones de acciones para el empleado. Estas opciones se introducen al iniciar la siguiente sección. Sin embargo, se recomienda ampliamente que primero revise *"Análisis de Real Options: Herramientas y Técnicas, Segunda Edición,"* (Wiley, 2006) del Dr. Johnathan Mun para detalles sobre la teoría y aplicaciones de opciones reales.

No obstante, si usted es nuevo usuario de Real Options SLS o tiene una versión 1.0 mejorada, tómese el tiempo en repasar las Notas Clave y Tips comenzando en la página siguiente para que se familiarice con las complejidades de modelado del software.

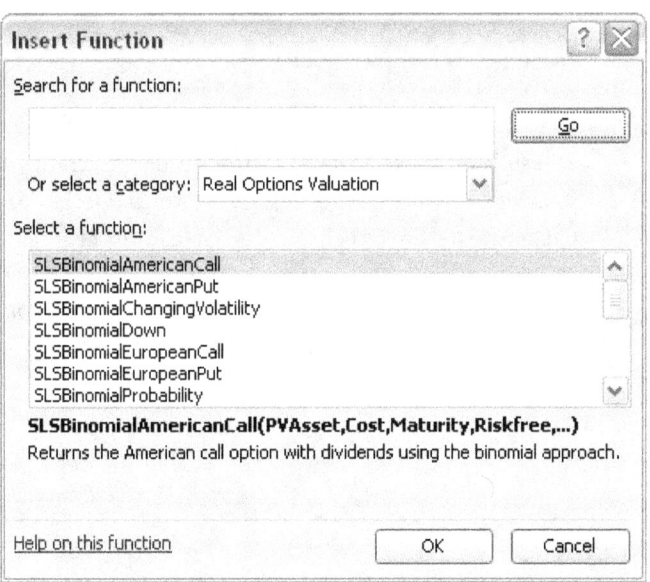

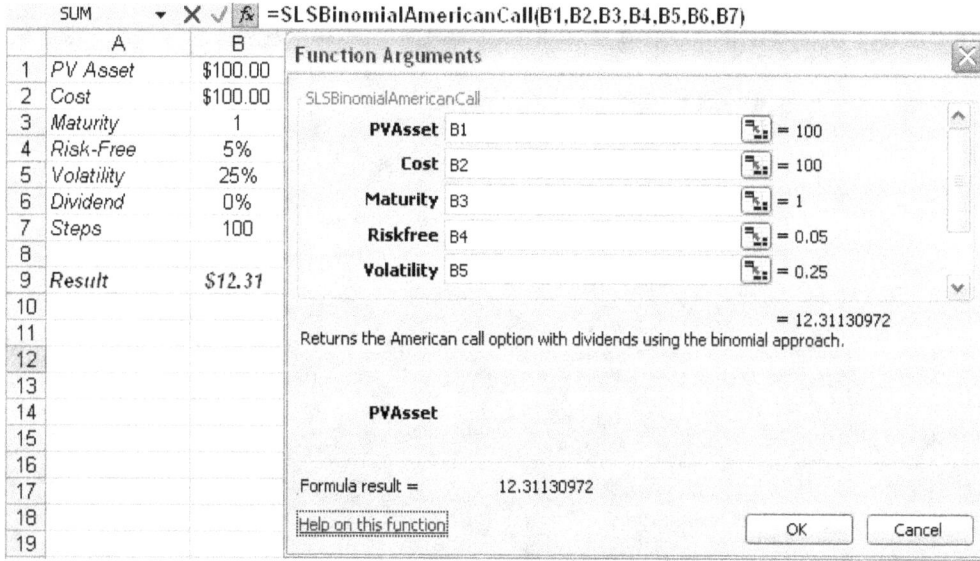

Figura 17 – Ecuación Experta de Excel

1.9 Evaluador de las Opciones Exóticas Financieras

El Evaluador de las Opciones Exóticas Financieras es una calculadora integral de más de 250 funciones desde las opciones básicas hasta de las opciones exóticas (por ejemplo, desde el Black-Scholes hasta Látices multinomiales para ecuaciones diferenciales de forma cerrada y métodos analíticos para evaluar opciones exóticas, así como las opciones relacionadas a los modelos como opciones de bono, cálculos de volatilidad, equilibrar los riesgos de delta-gamma, etc.). La Figura 18 ilustra el evaluador. Usted puede hacer clic sobre los botones de los valores de Muestra expuestos para abrir algunas muestras para empezar. A continuación seleccione la Categoría de Modelo (panel izquierdo) que desee y seleccione el Modelo (panel derecho) que desea ejecutar. Haga clic en CALCULAR para obtener los resultados. Por favor note que éste evaluador complementa el Modelador de Riesgo ROV y las herramientas del programa de Evaluador ROV, con más de 800 funciones y modelos, también desarrollado por Real Options Valuation, Inc., (ROV), el cual tiene la capacidad de ejecutarse a una velocidad extrema y con una amplia gama de manejo de conjunto de datos, así como ligando a los bases de datos conforme a ODBC (por ejemplo, Oracle, SAP, Access, Excel, CSV, etc.). Finalmente, si usted desea acceder a estos 800 funciones (incluyendo a unos de estas herramientas del Evaluador de Opciones), por favor, utilice en su lugar el programa de herramientas de Modelado ROV, en donde usted podrá acceder a estas funciones y más, con la posibilidad de ejecutar la simulación de Monte Carlo sobre su modelo utilizando el programa del Simulador de Riesgo de ROV.

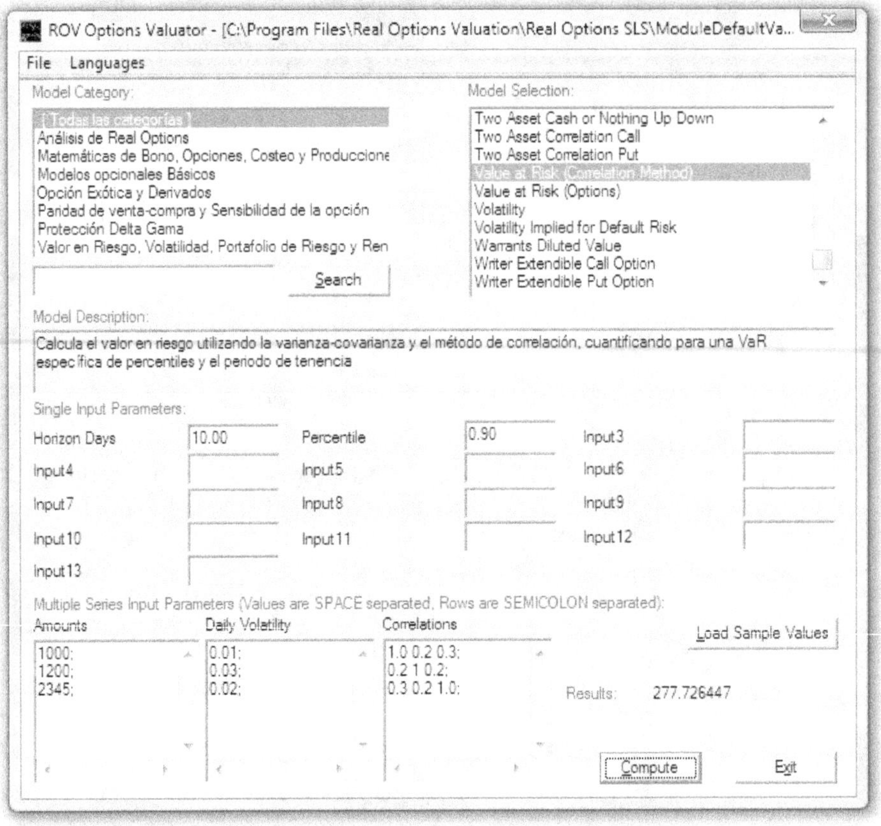

Figura 18 – El Evaluador de las Opciones Exóticas Financieras

1.10 Gráficos de Pago, Tornado, Análisis de Sensibilidad, Tablas de Escenario, Análisis de Convergencia, Monte Carlo Simulación y Arbol de Estrategia

El modulo de activo simple del programa SLS también incluye gráficos de pago, tablas de sensibilidad, análisis de escenario y análisis de convergencia (Figura 18A). Para ejecutar estos análisis, primero debe crear un nuevo modelo o abrir un modelo existente. (p. ej., desde la primera pestaña Opciones SLS, haga click en *Archivos | Ejemplos*, y seleccione *Opción Call Tipo Vanilla* y seleccione *Correr* para calcular el valor de la opción, entonces haga click en cualquiera de las pestañas). Con el objetivo de utilizar estas herramientas, usted necesita primero tener un modelo específico en el menú principal de *Opciones SLS*. En resumen, la siguiente explicación describe cada una de estas pestañas y como usar los correspondientes controles como se muestra en la Figura 18A:

Grafico de Pago:

La pestaña de *Grafico de Pagos (A)* le permite generar una típica grafica de pagos donde usted tiene la posibilidad de elegir la variable insumo para la grafica *(B)* mediante el ingreso de algunos valores mínimos y máximos *(C)*, así como el tamaño de los pasos de la opción (p.ej., defina 20 como mínimo y 200 como máximo con pasos de 10, esto significa ejecutar el análisis para los valores 20, 30, 40,..., 180, 190 y 200) y pasos de la malla (entre menor sea el número de pasos de la malla, mas rápido sea el análisis ejecutado pero menor la precisión de los resultados) –ver la siguiente discusión acerca del número de pasos de la malla y su convergencia para más detalles. Haga click en *Actualización Grafica (D)* para obtener una nueva grafica de pagos *(E)* para cada momento del tiempo. De forma predeterminada se muestra la grafica en forma de línea *(F)* pero usted puede optar por seleccionar gráficos de área o de barras, y generar graficas y tablas que pueden ser copiadas y pegadas en otras aplicaciones o pueden imprimirse *(G)*. Si usted no ingresa valores mínimos o máximos, el software automáticamente selecciona algunos valores predeterminados para usted y el valor del Activo Subyacente es seleccionado también automáticamente, y el típico pago en forma de J será mostrado. Finalmente, aparecerá un mensaje de advertencia en caso de que algún valor ingresado sea cero, solicitándole que ingrese de forma manual los valores mínimo, máximo y el tamaño de pasos, para generar la grafica de pagos.

Análisis de Sensibilidad y Tornado:

La pestaña de *Sensibilidad (H)* ejecuta un rápido análisis de sensibilidad individual para cada variable del modelo, y organiza la lista de variables con un mayor impacto hasta aquellas con un menor impacto donde usted puede controlar el tipo de opción, los pasos de la malla y la sensibilidad porcentual (%) a probar *(I)* y los resultados serán mostrados en forma de un grafico de tornado *(J)* y una tabla de análisis de sensibilidad *(K)*. El análisis tornado captura los impactos estáticos de cada variable insumo en el resultado del valor de la opción de manera automática por medio de un impacto ±% definido, captura las fluctuaciones en el valor de la opción y organiza los resultados de estos impactos clasificándolos desde el más significativo hasta el menos significativo de todos. Los resultados son mostrados como una tabla de sensibilidad con el Valor Base, el valor insumo superior e inferior, el valor final superior o inferior de la opción, y el cambio absoluto o impacto. Las variables previas son clasificadas y organizadas desde el mayor impacto hasta la de menor impacto. La grafica tornado muestra esto de otra manera. Las barras verdes en la grafica indican un efecto positivo, mientras las barras rojas indican un efecto negativo en el valor de la opción. Por ejemplo, la barra roja del Costo de Implementación en el lado derecho indica un efecto negativo en el costo de inversión, en otras palabras para una opción básica, el costo de implementación (precio de ejercicio de la opción) y el valor de la opción están correlacionados negativamente. Lo contrario es verdadero para el valor del Activo Subyacente (precio actual), donde la barra verde en el lado derecho de la grafica, indica una correlación positiva con su resultado.

Análisis de Escenario:

La pestaña *Escenario* ejecuta un escenario bi-dimensional de dos variables insumo *(L)* basado en la selección del tipo de opción y los pasos de la malla *(M)* y muestra una tabla de análisis de escenario *(N)* para los resultados de la opción basado en varias combinaciones de insumos.

Análisis de Pasos de Convergencia de la Malla:

La pestaña *Convergencia* muestra el resultado en el valor de la opción desde 5 hasta 5000 pasos, donde un número superior de pasos origina un mayor nivel de precisión (granularidad en los incrementos de la malla) donde en algún punto los resultados de la malla convergen y una vez se logra la convergencia no son necesarios pasos adicionales en la misma. El número de pasos esta predefinido, desde 5 hasta 5000, pero usted puede seleccionar el tipo de opción y el número de decimales a mostrar *(O)*, y la grafica de convergencia es mostrada *(Q)* dependiendo de su selección. Usted también puede copiar o imprimir la tabla con la grafica si así lo requiere.

El Árbol de Estrategia de ROV es un módulo de fácil uso para crear representaciones visuales de estrategias de opciones reales. Este módulo es utilizado para simplificar los trazados y creación de los Arboles de Estrategia, sin embarro, no es utilizado para el modelado actual de opciones reales de valoración (utilice el módulo del programa de Opciones Reales de SLS para propósitos de modelado actual).

A continuación se describen algunos tipos de introducción y procesos para el uso de las herramientas:

- En este módulo encontrará 11 idiomas disponibles y el idioma actual podrá ser cambiado a través del menú de idioma.

- Insertar Opciones, nodos o Insertar Nodos Terminales seleccionando primero algún nodo existente y posteriormente dando clic sobre el ícono del nodo opción (cuadrado) o el ícono del nodo terminal (triángulo), o acceso las funciones de Insertar en el Menú.

- Modificar las Propiedades de los Nodo Opciones individuales o Nodos Terminales haciendo doble clic sobre el nodo. Algunas veces cuando hacemos clic sobre el nodo, todos los nodos subsecuentes también son seleccionados (esto le permite mover todo el árbol desde el nodo seleccionado). Si desea seleccionar sólo un nodo, deberá hacer clic sobre el fondo vacío y volver a hacer clic sobre el nodo para seleccionar individualmente. Incluso, puede mover nodos individualmente o el árbol entero desde el nodo seleccionado dependiendo de la configuración elegido (clic derecho, o en el menú de Editar, y seleccione Mover Nodos Individualmente o Mover Todos los Nodos).

- A continuación se describen cosas que pueden ser personalizados y configurados en propiedades del nodo en la interfase del usuario. Y no hay más que simplemente probar las diferentes configuraciones para cada uno de las siguientes características para ver sus efectos en el Árbol de Estrategia :

    o Nombre. El nombre se muestra encima del nodo.

    o Valor. El valor se muestra debajo del nodo.

    o Liga de Excel. Liga el valor desde la celda de la hoja de cálculo de Excel

    o Notas. Puede insertar las notas arriba o abajo del nodo.

    o Mostrar en el Modelo. Mostrar cualquier combinación de Nombre, Valor y Notas.

    o Color Local contra Color General. El color del nodo puede cambiarse a un nodo local o general.

    o Etiqueta dentro de la forma. Se puede colocar texto dentro del nodo (sólo deberá agrandar el nodo para acomodar el texto).

o   Nombre del Evento Branch. El texto puede ser colocado en el branch para el principal nodo para indicar cuál es el evento principal para este nodo.

o   Seleccionar Opciones Reales. Un específico tipo de opciones reales puede ser asignado al nodo actual. Asignar Opciones Reales a los nodos permite que las herramientas generen la lista de variables de entrada requeridos.

- Se puede personalizar todos los elementos generales, incluyendo elementos de fondo del Árbol de Estrategia, Líneas de Conexión, Nodos Opciones, Nodos Terminales y Caja de Texto. Por ejemplo, la siguiente configuración puede ser modificado para cada uno de los elementos:

o   Configuración de Fuentes del Nombre, Valor, Notas, Etiquetas, Nombre del Evento.

o   Tamaño del Nodo (mínimo y máximo alto y ancho).

o   Bordes (Estilos de línea, ancho y color).

o   Sombras (Colores y partes de aplicación de las sombras).

o   Colores Generales.

o   Forma General.

- El comando de mostrar Ventana de Requisitos de Datos del menú de Editar despliega una ventana a la derecha del Árbol de Estrategia cuando se selecciona el nodo opción o el nodo terminal, mostrando las propiedades del nodo que pueden ser actualizados directamente. Esta función nos da la alternativa a no hacer doble clic cada vez sobre el nodo.

- Archivos de Ejemplo se encuentran disponibles en el menú de Archivo como ayuda a la introducción a la construcción del Árbol de Estrategia.

- Proteger Archivo desde el menú de Archivo permite al Árbol de Estrategia encriptar con clave encriptado a más de 256-bit. Tenga cuidado cuando el archivo haya sido encriptado porque si llegara a perder la clave, ya no podrá abrir el mismo.

- Capturar la pantalla o imprimir el modelo existente lo puede realizar desde el menú a de Archivo. La pantalla capturada puede ser pegada posteriormente dentro de otras aplicaciones.

- Añadir, Duplicar, Renombrar y Eliminar Árbol de Estrategia lo puede realizar con el clic derecho sobre la tabla del Árbol de Estrategia o desde el menú de Editar.

- Incluso podrá Insertar la Liga del Archivo e Insertar Comentarios en cualquier nodo opción o terminal. También Insertar Texto o Insertar Imágenes en cualquier lugar en el fondo o en el área.

- Usted podrá Modificar los Estilos Existentes, o Administrar y Crear el Estilo Personalizado del Árbol de Estrategia (esto incluye especificaciones generales del Árbol de Estrategia como: tamaño, forma, esquema de colores y tamaño/color de las fuentes Strategy Tree).

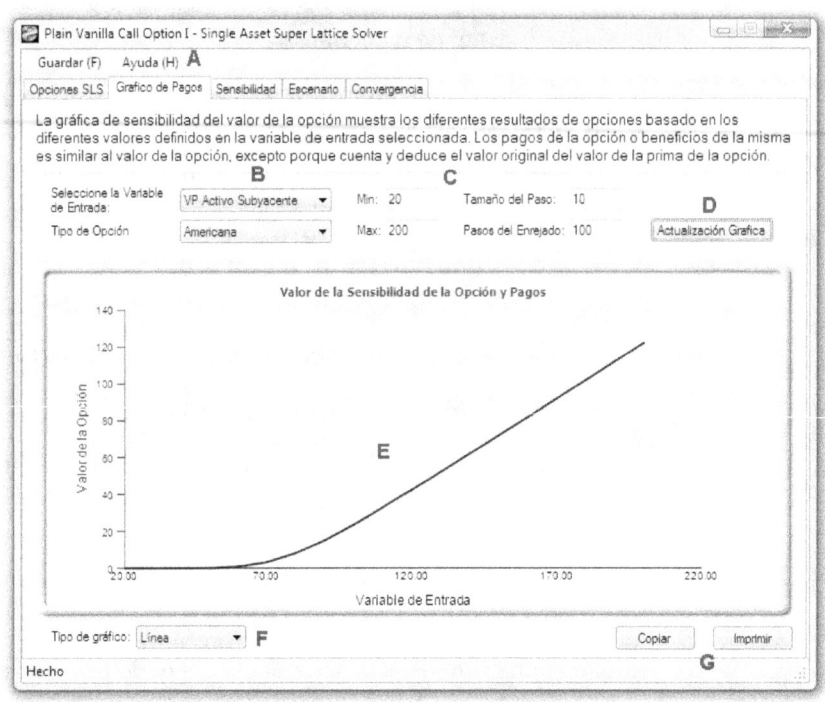

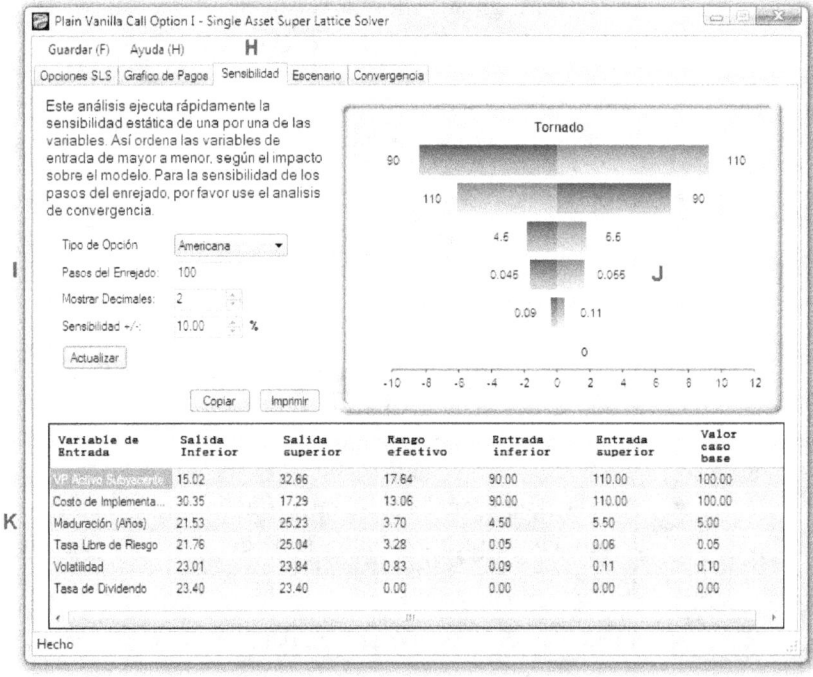

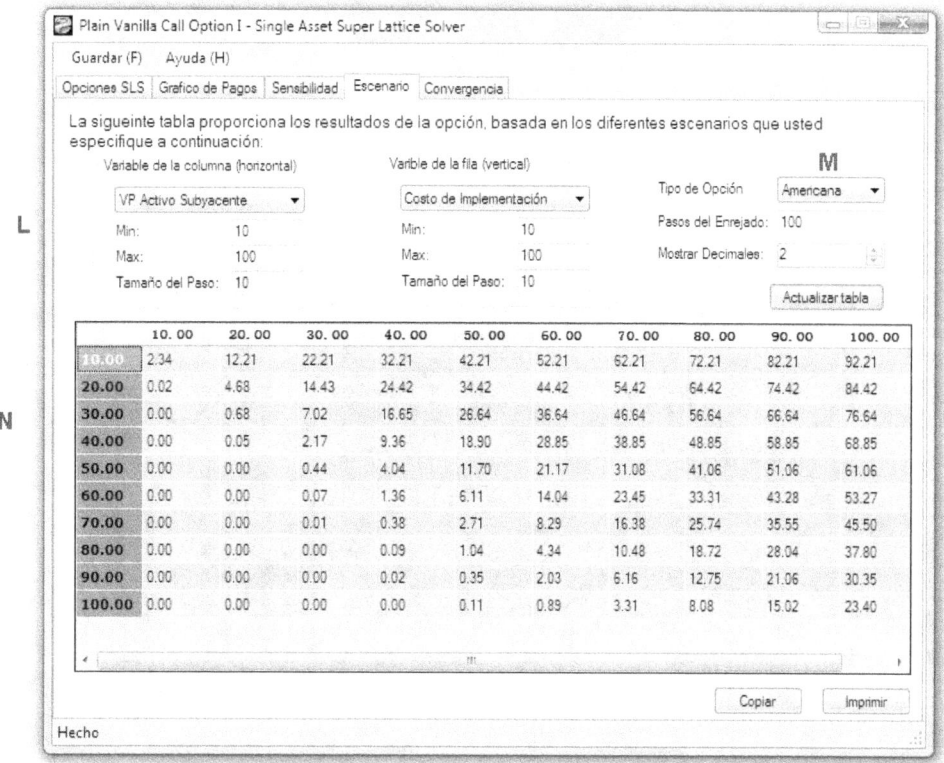

Plain Vanilla Call Option I - Single Asset Super Lattice Solver

Guardar (F)   Ayuda (H)

Opciones SLS | Grafico de Pagos | Sensibilidad | Escenario | Convergencia

La siguiente tabla proporciona los resultados de la opción, basada en los diferentes escenarios que usted especifique a continuación:

Variable de la columna (horizontal): **VP Activo Subyacente**
Min: 10
Max: 100
Tamaño del Paso: 10

Varible de la fila (vertical): **Costo de Implementación**
Min: 10
Max: 100
Tamaño del Paso: 10

Tipo de Opción: Americana
Pasos del Enrejado: 100
Mostrar Decimales: 2

Actualizar tabla

	10.00	20.00	30.00	40.00	50.00	60.00	70.00	80.00	90.00	100.00
10.00	2.34	12.21	22.21	32.21	42.21	52.21	62.21	72.21	82.21	92.21
20.00	0.02	4.68	14.43	24.42	34.42	44.42	54.42	64.42	74.42	84.42
30.00	0.00	0.68	7.02	16.65	26.64	36.64	46.64	56.64	66.64	76.64
40.00	0.00	0.05	2.17	9.36	18.90	28.85	38.85	48.85	58.85	68.85
50.00	0.00	0.00	0.44	4.04	11.70	21.17	31.08	41.06	51.06	61.06
60.00	0.00	0.00	0.07	1.36	6.11	14.04	23.45	33.31	43.28	53.27
70.00	0.00	0.00	0.01	0.38	2.71	8.29	16.38	25.74	35.55	45.50
80.00	0.00	0.00	0.00	0.09	1.04	4.34	10.48	18.72	28.04	37.80
90.00	0.00	0.00	0.00	0.02	0.35	2.03	6.16	12.75	21.06	30.35
100.00	0.00	0.00	0.00	0.00	0.11	0.89	3.31	8.08	15.02	23.40

Copiar   Imprimir

Hecho

L

M

N

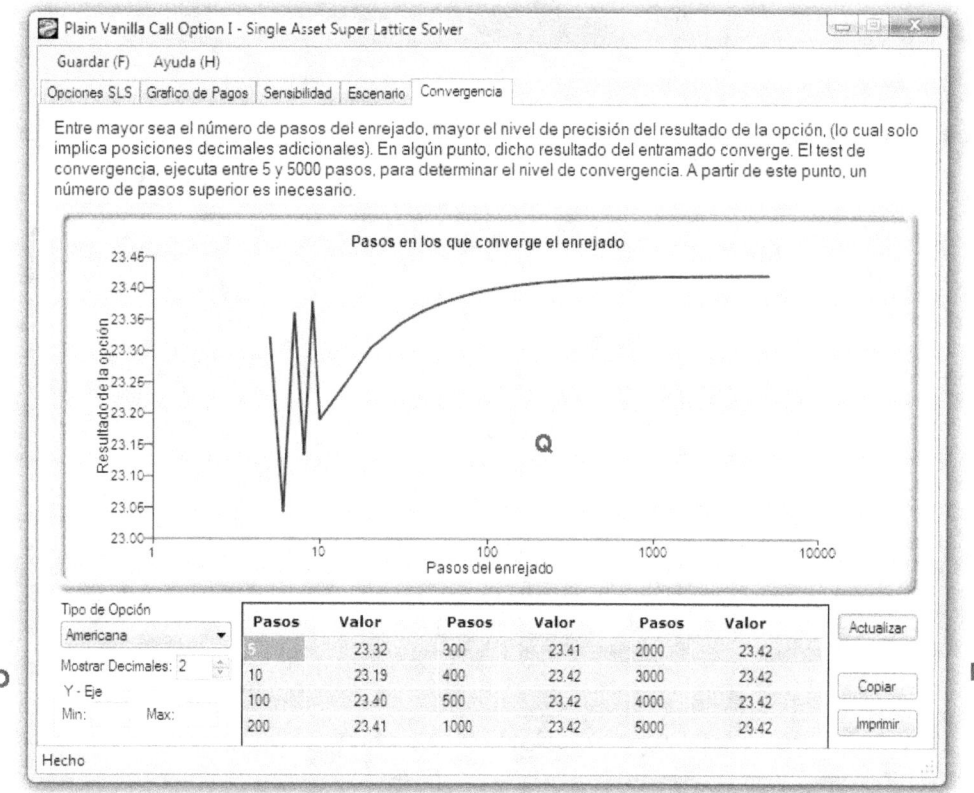

Plain Vanilla Call Option I - Single Asset Super Lattice Solver

Guardar (F)   Ayuda (H)

Opciones SLS | Grafico de Pagos | Sensibilidad | Escenario | Convergencia

Entre mayor sea el número de pasos del enrejado, mayor el nivel de precisión del resultado de la opción, (lo cual solo implica posiciones decimales adicionales). En algún punto, dicho resultado del entramado converge. El test de convergencia, ejecuta entre 5 y 5000 pasos, para determinar el nivel de convergencia. A partir de este punto, un número de pasos superior es inecesario.

Pasos en los que converge el enrejado

Q

Resultado de la opción / Pasos del enrejado

Tipo de Opción: Americana
Mostrar Decimales: 2
Y - Eje
Min: Max:

Pasos	Valor	Pasos	Valor	Pasos	Valor
5	23.32	300	23.41	2000	23.42
10	23.19	400	23.42	3000	23.42
100	23.40	500	23.42	4000	23.42
200	23.41	1000	23.42	5000	23.42

Actualizar   Copiar   Imprimir

Hecho

O

P

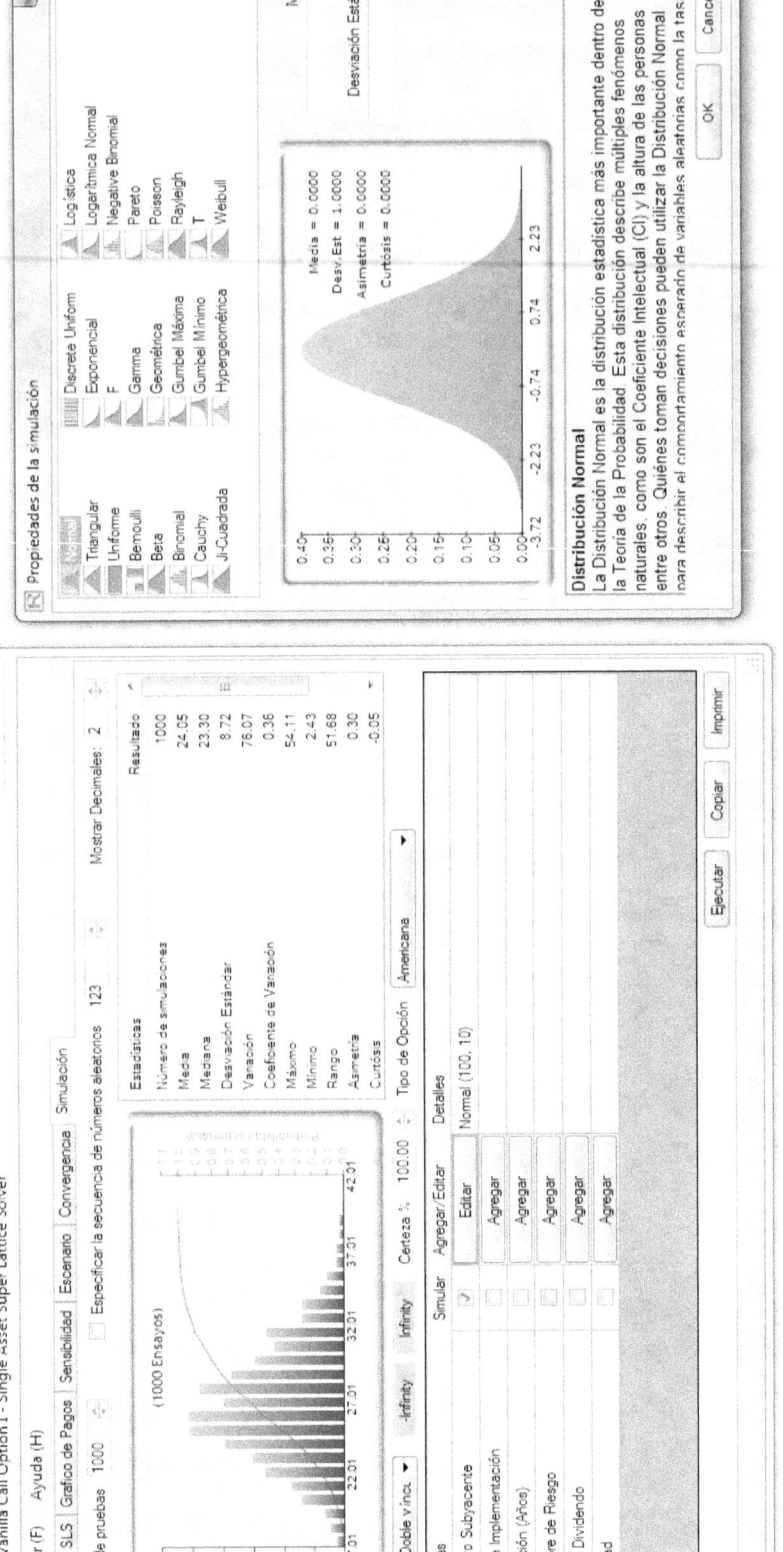

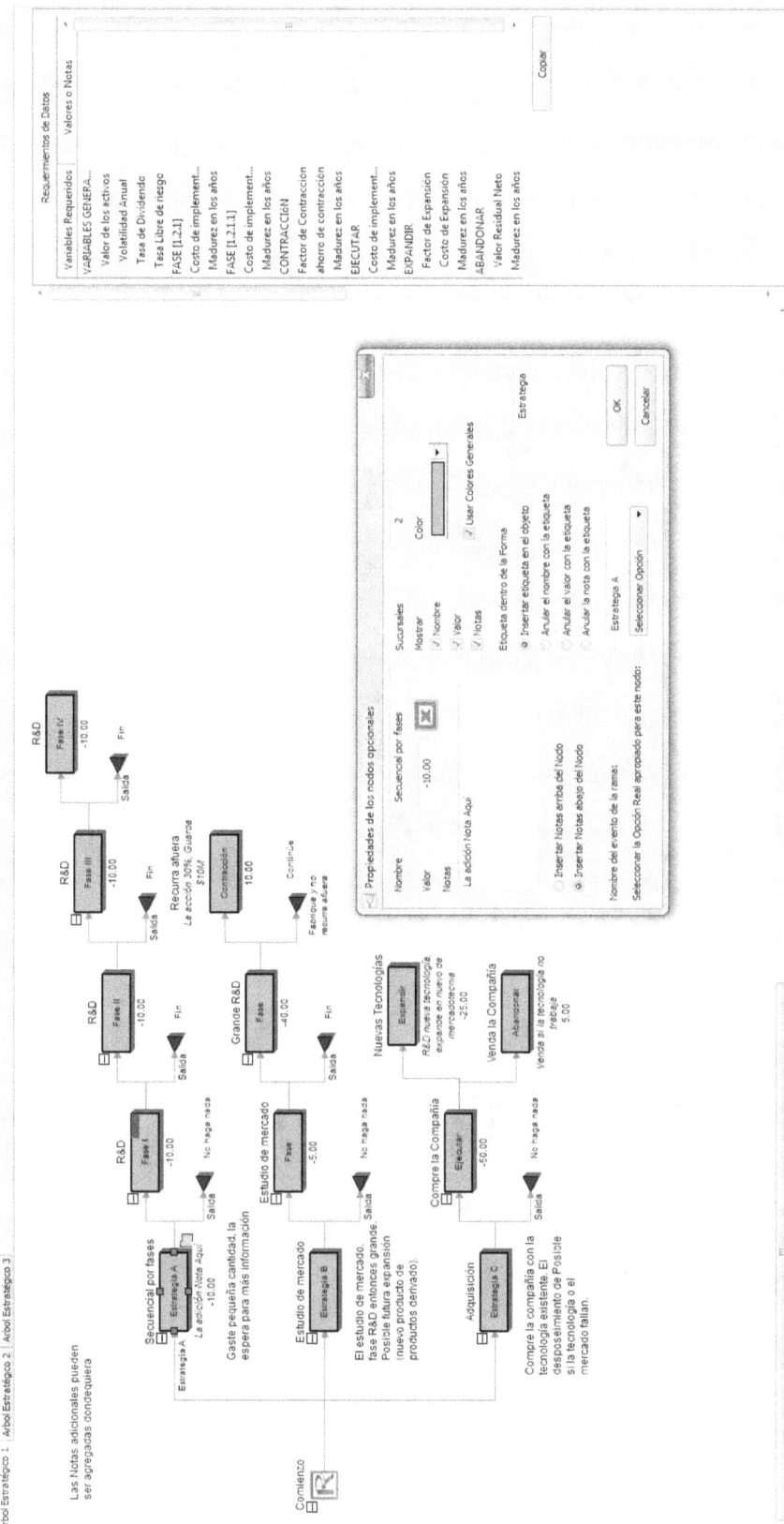

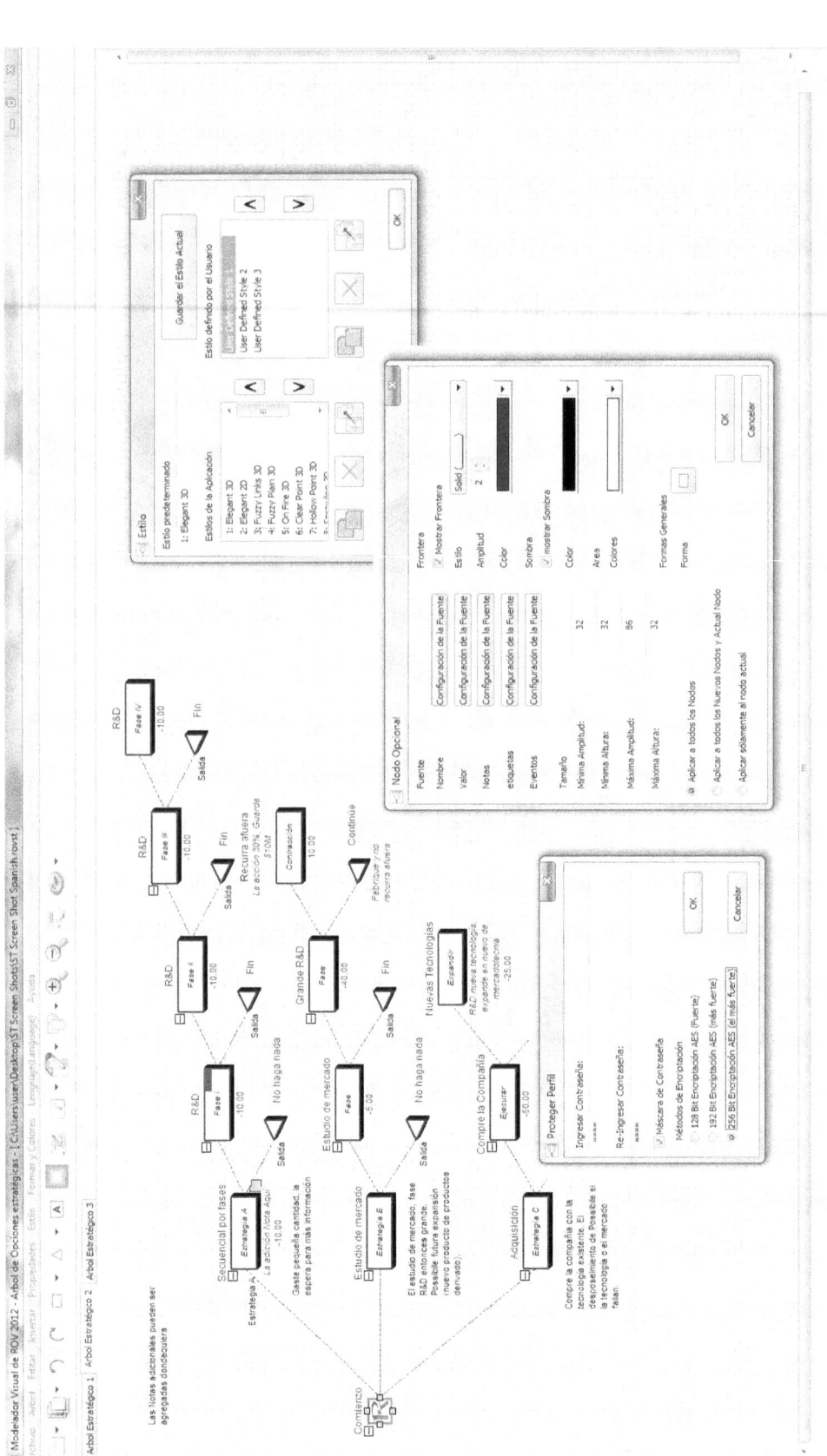

Figure 18A – Gráficos de Pago, Análisis de Sensibilidad, Tablas de Escenario, Análisis de Convergencia, Monte Carlo Simulación y Arbol de Estrategia

Aquí están algunos cambios dignos de mención y tips interesantes para usar Real Options SLS:

- El **Manual de Usuario** es accesible dentro de SLS, SESCM o MNLS. Por Ejemplo, solo inicie el software Real Options SLS y creé un nuevo modelo o abra un modelo SLS, SESCM, o MNLS ya existente. Después dé clic en *Ayuda | Manual de Usuario.*

- Los **Archivos de Ejemplo** son accesibles directamente en la Pantalla Principal SLS o en los modelos SLS, MSLS, o MNLS, usted puede acceder a los archivos de ejemplo en *Archivo | Ejemplos.*

- La información actual de la **Licencia** puede obtenerse en SLS, SESCM, o MNLS en *Ayuda | Acerca de.*

- Una **Lista de Variables** también está disponible en SLS, SESCM, MNLS al ir a *Ayuda | Lista de Variables.* Específicamente, lo siguiente son variables permitidas y operadores en las cajas de *ecuaciones a la medida*:

  - Asset   – El valor del capital subyacente en el paso actual (en moneda corriente)
  - Cost   – El costo de implementación (en moneda)
  - Dividend   – El valor del dividendo (en porcentaje)
  - Maturity   – Los años en madurar (en años)
  - OptionOpen   – El valor de mantener la opción abierta (anterior @@ en la versión 1.0)
  - Riskfree   – La tasa libre de riesgo anualizada (en porcentaje)
  - Step   – El entero representando el paso actual en el enrejado
  - Volatility   – La volatilidad anualizada (en porcentaje)
  - -   – Restar
  - !   – No
  - !=, <>   – Desigual
  - &   – Y
  - *   – Multiplicar
  - /   – Dividir
  - ^   – Poder
  - | – O
  - +   – Sumar
  - <, >, <=, >=   – Comparaciones
  - =   – Igual
  -

- La **OpciónAbrir en Nodos Terminales** en SLS o MSLS. Si la *OptionOpen* (*OpciónAbrir*) es especificada como la ecuación de Nodo Terminal, el valor siempre evaluará el error *No un Número (NnN) (Not a Number* (NaN)). Esto es claramente un error del usuario ya que *OptionOpen* no puede aplicar en los nodos terminales.

- **Intervalo no especificado de variables a la medida.** Si un intervalo especificado cuya variable a la medida no tiene valor, el valor se toma como cero. Por ejemplo, suponga que un modelo con 10 pasos existe donde hay una variable a la medida *"myVar"* de valor 5 que comienza en el paso 6. Esto significa que *myVar* será substituida con el valor 5 desde le paso 6 hacia delante. Sin embargo, el valor no especificaba el valor de *myVar* desde los pasos 0 a 5. En esta situación, el valor de *myVar* se asume que sea 0 para los pasos 0 a 5.

- **Compatibilidad con SLS 1.0.** El Súper Enrejado Solucionador tiene un interfaz de usuario similar como la versión previa con la excepción de que SLS, SESCM, MNLS, y el Creador de Enrejado están todos integrados en una Pantalla Principal. Los archivos de datos creados en SLS 1.0 pueden ser cargados en SLS. No obstante, ya que el SLS incluye características avanzadas que no existen en la versión previa, los modelos creados en el SLS 1.0 podrían no correr en SLS sin algunas modificaciones menores. Lo siguiente enlista las diferencias entre SLS 1.0 y SLS:

  - Problema: La variable "@@" en SLS 1.0 ha sido reemplazada por *"OptionOpen"* en el SLS. Por lo tanto, el SLS aún reconoce "@@" como una variable especial y automáticamente la convertirá en *"OptionOpen"* antes de que corra. Por lo tanto, hay un problema potencial cuando un modelo el cual define la *"OptionOpen"* como la variable a la medida tendrá errores ya que *OptionOpen* es ahora una variable especial.

  - Un modelo que usa la función de hoja de trabajo avanzada en las ecuaciones a la medida no funcionará. Una lista de funciones apoyadas incluye:

    - ABS, ACOS, ASIN, ATAN2, ATAN, CEILING (TOPE), COS, COSH, EXP, FLOOR (MÍNIMO), LOG, MAX, MIN, REMAINDER (REMANENTE), ROUND (REDONDO), SIN, SINH, SQRT, TAN, TANH, TRUNCATE (TRUNCADO), IF (SI)

  - Las variables en SLS son caso sensible excepto los nombres de función. Los modelos que mezclan y unen casos no funcionarán en SLS. Por lo tanto, se sugiere que cuando se usen variables a la medida en SLS y SESCM, mantenga los nombres de la variable a la medida con un caso consistente.

- Las **funciones AND() (Y) y OR() (O)** están faltantes y son reemplazadas usando caracteres especiales en SLS. Los símbolos "&" y " | " representan los operadores Y(AND) y O(OR). Por ejemplo: "Asset > 0 | Cost < 0" significa "OR(Asset> 0, Cost < 0). Mientras que "Asset > 0 & Cost < 0" es "AND(Asset > 0, Cost < 0)."

- **Especificaciones de Paso Blackout.** Para definir los pasos blackout, utilice los ejemplos siguientes como guía:

o   3   paso 3 es un paso blackout.

o   3, 5   pasos 3 y 5 son pasos blackout.

o   3, 5-7   pasos 3, 5, 6, 7 son pasos blackout.

o   1, 3, 5-6   pasos 1, 3, 5, 6 son pasos blackout.

o   5-7   pasos 5, 6, 7 son pasos blackout.

o   5-10|2   pasos 5, 7, 9 son pasos blackout (el símbolo | significa omitir la medida).

o   5-14|3   pasos 5, 8, 11, 14 son pasos blackout.

o   5-6|3   paso 5 es un paso blackout.

o   5 - 6 | 3   paso 5 es un paso blackout (espacios en blanco son ignorados)

- **Identificadores**. Un identificador es una secuencia de caracteres que comienza con a-z, A-Z, _ o $. Después del primer carácter, a-z, A-Z, 0-9, _, $ son caracteres válidos en la secuencia. Note que ese espacio no es un carácter válido. Sin embargo, se puede usar si la variable está incluida en un par de llaves { }. Los identificadores son una caja sensitiva, excepto para los nombres de función. Lo siguiente son algunos ejemplos de identificadores válidos: myVariable, MYVARIABLE, _myVariable, _____myVariable, $myVariable, {Esto es una variable única}.

- **Números**. Un número puede ser cualquier entero, definido como uno o más caracteres entre 0 – 9. Los siguientes son algunos ejemplos de enteros: 0, 1, 00000, 12345. Otro tipo de número es un número real. Los siguientes son ejemplos de números reales: 0., 3.,0.0, 0.1, 3.9, .5, .934, .3E3, 3.5E-5, 0.2E-4, 3.2E+2, 3.5e-5,

- **Precedencia del Operador**. La precedencia del operador cuando se evalúa las ecuaciones se muestra abajo. No obstante, si hay dos términos con dos operadores idénticos de precedencias, la expresión se evalúa de izquierda a derecha.

  o   ( )   – Expresión en paréntesis tiene la precedencia más alta.

  o   !, -   – No, y Unary menos. e.g. -3

  o   ^

  o   *, /

  o   +, -

  o   =, <>, !=, <, <=, >, >=

  o   &, |

- **Expresión Matemática**. Lo siguiente muestra algunos ejemplos de ecuaciones válidas usadas en las cajas de *ecuaciones a la medida*. Repase el resto del manual de usuario, textos recomendados, y archivos de ejemplo para más ilustraciones de opciones, ecuaciones y funciones reales utilizadas en SLS.

- Max(Asset-Cost,0)

- Max(Asset-Cost,OptionOpen)

- 135

- 12 + 24 * 12 + 24 * 36 / 48

- 3 + ABS(-3)

- 3*MAX(1,2,3,4) - MIN(1,2,3,4)

- SQRT(3) + ROUND(3) * LOG(12)

- (IF(a > 0, 3, 4) returns 3 if a > 0, else 4)

- ABS+3

- MAX(a + b, c, MIN(d,e), a > b)

- IF(a > 0 | b < 0, 3, 4)

- IF(c <> 0, 3, 4)

- IF(IF(a <= 3, 4, 5) <> 4, a, a-b)

- MAX({My Cost 1} - {My Cost 2}, {Asset 2} + {Asset 3})

SECCIÓN II: ANÁLISIS DE REAL OPTIONS

2.1 Opciones Americana, Europea, y de Bermuda, y Opciones de Abandono a la Medida

La *Opción de Abandono* ve la flexibilidad del valor de un proyecto o un capital al ser abandonada por la vida de la opción. Como un ejemplo, suponga que una firma tiene un proyecto o capital y que basado en los modelos tradicionales de flujo de efectivo descontado (FED), estima el valor actual del capital (*PV Capital Subyacente*) sea de $120 millones (para la opción de abandono esto es el valor actual neto del proyecto o capital). La simulación de Monte Carlo indica que la *Volatilidad* de este valor de capital es significativa, estimado al 25%. Bajo estas condiciones, hay mucha incertidumbre ya que el éxito o fracaso de este proyecto (la volatilidad calculada modela las diferentes fuentes de incertidumbre y computa los riesgos en el modelo de flujo de efectivo descontado (FED) incluyendo el precio de incertidumbre, probabilidad de éxito, competencia, canibalismo, y así), y el valor del proyecto podría ser significativamente más alto o significativamente más bajo que le valor esperado de $120 millones. Suponga que una opción de abandono se crea con lo cual se encuentra una contraparte y se firma un contrato que dura 5 años (*Madurez*) de tal manera que para una consideración monetaria ahora, la firma tenga la habilidad de vender el capital o el proyecto a la contraparte en cualquier momento dentro de esos 5 años (indicativo de una opción americana) para un *Residual* específico de $90 millones. La contraparte esta de acuerdo con estos $30 millones de descuento y firma el contrato.

Lo que acaba de ocurrir es que la firma se compró así misma una póliza de seguros de $90 millones. Esto es, si el valor del capital o proyecto se incrementa por encima de su valor actual, la firma podría decidir continuar dando fondos al proyecto, o ponerlo en venta en el mercado al precio justo que prevalezca en el mercado. Alternativamente, si el valor del capital o proyecto cae por debajo del umbral de 490 millones, la firma tiene el derecho de ejecutar la opción y vender el capital a la contraparte en 490 millones. En otras palabras, una red segura de estilos se ha erguido para prevenir que el valor del capital caiga por debajo de este nivel residual. Entonces, ¿cuánto vale esta red de seguridad o póliza de seguros? Uno puede crear ventaja competitiva en una negociación si la contraparte no tiene la respuesta y usted si.   Es más, asuma que la *Tasa libre de Riesgo* del Documento del Tesoro de 5 años (cupón cero) es de 5% del Departamento del Tesoro[2] de EU. Los resultados de la *Opción de Abandono Americana* en la Figura 19 muestran un valor de $125.48 millones, indicando que el valor de la opción es de $5.48 millones ya que el valor actual del capital es de $120 millones. De ahí que el valor **máximo** que uno debería pagar por el contrato en **promedio** es de $5.48 millones. Este valor esperado resultante pesa las probabilidades continuas de que el valor del capital exceda $90 millones al contrario de cuando no (donde 1 opción de abandono es valuable). También, pesa cuando el tiempo de ejecución del abandono es óptimo de tal manera que el valor esperado sea de $5.48 millones.

---

[2] http://www.treas.gov/offices/domestic-finance/debt-management/interest-rate/yield-hist.html

Además, se puede conducir alguna experimentación. Al cambiar el valor residual a $30 millones (esto significa un descuento de $90 millones del valor del capital inicial) trae como consecuencia un resultado de $120 millones, o $0 millones para la opción. Este resultado significa que la opción o el contrato no tienen valor ya que la red de seguridad está establecida tan bajo que nunca será utilizada. Por el contrario, establecer el nivel residual para triplicar el valor del capital que prevalece o $360 millones traerían como resultado de $360 millones, y los resultados indican $360 millones, lo cual significa que no hay valor de opción, no vale la pena esperar y tener esta opción, o simplemente, ejecute la opción inmediatamente y venda el capital si alguien esta dispuesto a pagar tres veces el valor del proyecto ahora. Así, usted puede seguir cambiando el valor residual hasta que el valor de opción desaparezca, indicando que el **valor disparador óptimo** ha sido alcanzado. Por ejemplo, si usted ingresa 4166.80 como el valor residual, el análisis de opción de abandono trae como resultado &166.80, indicando que a este precio y por debajo, la decisión óptima es vender el capital inmediatamente. A cualquier valor residual bajo, hay valor de opción y a cualquier valor residual alto, no habrá valor de opción. Este punto de partida uniforme residual es el valor disparador óptimo. Una vez que el precio de mercado de este capital exceda su valor, es óptimo abandonar. Finalmente, añadir una *Tasa de Dividendo*, el **costo de esperar antes de abandonar el capital** (e.g., los impuestos anualizados y tarifas de mantenimiento que se tienen que pagar si usted mantiene el capital y no lo vende, medido como un porcentaje del valor actual del capital) disminuirá el valor de opción. De ahí que el punto de partida uniforme disparador, donde la opción se queda sin valor, puede ser calculado al sucesivamente escoger niveles altos de dividendos. Este punto de partida uniforme ilustra otra vez el valor del disparador al cual la opción debería ser óptimamente ejecutada inmediatamente, pero esta vez con respecto a un resultado de dividendo. Esto es, si el **costo de llevar a cabo** o sostener la opción, o el **valor de pérdida** de la opción es alto, es decir, si el **costo de esperar** es demasiado alto, no espere y ejecute la opción inmediatamente.

Otras aplicaciones de la opción de abandono incluyen provisiones de arrendamiento y volver a comprar en un contrato (garantizando un valor de capital especificado); flexibilidad de preservación del capital, pólizas de seguros, desistimiento de un proyecto y vender su propiedad intelectual, comprar el precio de una adquisición, y así por lo consiguiente. Para ilustrar, aquí hay algunos ejemplos adicionales rápidos de la opción de abandono (y ejercicios de muestra para el resto de nosotros).

- Un manufacturador de aeronaves vende sus aviones de un modelo en particular en el mercado *primario* por, digamos, $30 millones cada uno a varias compañías aéreas. Las aerolíneas son regularmente desfavorables al riesgo y podrían encontrar difícil justificar el comprar un avión adicional con toda la incertidumbre en la economía, demanda, competencia de precio y costos de combustible. Cuando la incertidumbre se llega a solucionar con el tiempo, las compañías tendrían que reorganizar y actualizar sus portafolios existentes de rutas y aviones globalmente, y un avión de exceso en la pista es muy costoso. La aerolínea puede vender los aviones en exceso en el Mercado *secundario* donde pequeñas compañías regionales compran aviones usados, pero la incertidumbre de precio es muy alta y está sujeta a volatilidad significativa de, digamos, 45%, y podría fluctuar muchísimo entre $10 millones y $25 millones por esta clase de nave. El manufacturador de aviones puede reducir el riesgo de la aerolínea al proveer la *provisión de volver a comprar* o la opción de abandono, donde en cualquier momento dentro de los próximos 5 años, el manufacturador esta de acuerdo a volver a comprar el avión a un precio residual garantizado de 420 millones, a petición de la compañía. La tasa libre de riesgo correspondiente para los próximos 5 años es de 5%, **Esto reduce el riesgo de caída de la aerolínea, y de ahí que reduzca su riesgo, recortando la cola izquierda de la distribución de fluctuación del precio, y cambiando el valor esperado hacia la derecha. Esta opción de abandono provee reducción de riesgo y mejoramiento del valor a la aerolínea.** Aplicando la opción de abandono en el SLS usando un enrejado de 100 pasos binómico, esta opción tiene un valor de $3.52 millones. Si la aerolínea es la contraparte más astuta y calcula este valor y obtiene esta provisión de volver a comprar gratis como parte del trato, el manufacturador de aviones solo ha perdido el 10% del valor de su nave que dejo en la mesa de negociaciones. La información y el conocimiento son altamente valuables en este caso.

- Un manufacturador de lector de discos de alta tecnología esta pensando en adquirir una pequeña compañía que comienza con nueva tecnología micro drive (un lector de bolsillo súper rápido y de alta capacidad) que podría revolucionar la industria. Tal compañía esta en venta y esta pidiendo el precio de $50 millones basado en un análisis VPN de valor justo de Mercado que algunos consultores tripartitas han desarrollado. El manufacturador puede desarrollar la tecnología el mismo o adquirir esta tecnología a través de la compra de la firma. La pregunta es, ¿cuánto vale esta firma para el manufacturador, y si $50 millones es un buen precio? Basado en un análisis interno por el manufacturador, el VPN de este micro drive se espera que sea de $45 millones, con una volatilidad de flujo descontado del 40%, y llevaría otros 3 años antes de que la tecnología del micro drive tenga éxito y salga al mercado. Suponga que la tasa libre de riesgo de 3 años es del 5%. Además, le costaría al manufacturador $45 millones al valor actual desarrollar este drive internamente. Si se usa un análisis VPN, el manufacturador debería construirlos el mismo. Sin embargo, si usted incluye un análisis de opción de abandono con lo cual si este drive específico no funciona, la firma aún tiene una abundancia de propiedad intelectual (patentes y propiedades en tecnología) tanto como capitales físicos (edificios e instalaciones de manufacturado) que pueden ser vendidas en el mercado hasta en 40 millones. *La opción de abandono junto con el VPN trae como resultado $51.83 millones, haciendo la compra de la firma valer más que la tecnología interna en desarrollo, y haciendo el precio de compra de un valor[3] de $50 millones.* .

---

[3] Vea la sección en Opción de Expansión para más ejemplos de como esta tecnología inicial se puede usar como plataforma para después desarrollar nuevas tecnologías que pueden valer mucho más que solo la opción de abandono.

La Figura 19 muestra los resultados de una opción de abandono simple con un enrejado de 10 pasos como se discutió anteriormente, mientras que la Figura 20 muestra la hoja de auditoria que se genera de este análisis.

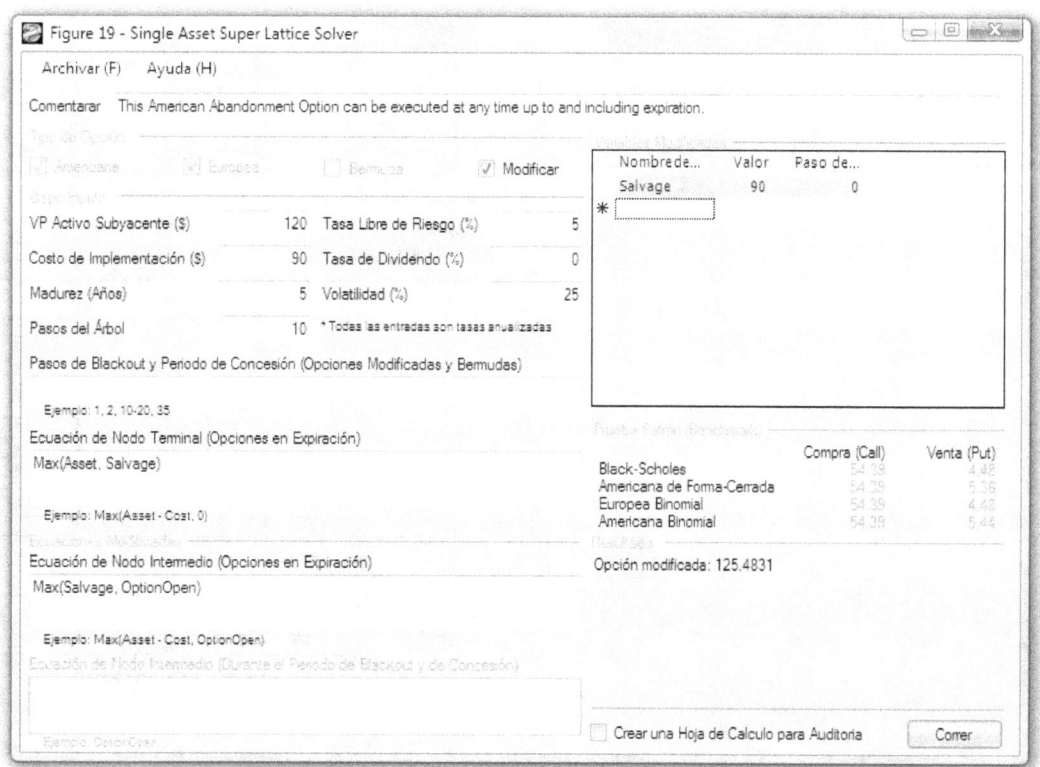

Figura 19 – Opción de Abandono Americana Simple

Option Valuation Audit Sheet

Assumptions

PV Asset Value ($)	$120.00
Implementation Cost ($)	$90.00
Maturity (Years)	5.00
Risk-free Rate (%)	5.00%
Dividends (%)	0.00%
Volatility (%)	25.00%
Lattice Steps	10
Option Type	Custom

Intermediate Computations

Stepping Time (dt)	0.5000
Up Step Size (up)	1.1934
Down Step Size (down)	0.8380
Risk-neutral Probability	0.5272

Results

Auditing Lattice Result (10 steps)	$125.48
Super Lattice Result (10 steps)	$125.48

User-Defined Inputs

Terminal: Max(Asset, Salvage)
Intermediate: Max(Salvage, @@)

Name	salvage									
Value	90.00									
Starting Step	0									

Underlying Asset Lattice

Step 0	Step 1	Step 2	Step 3	Step 4	Step 5	Step 6	Step 7	Step 8	Step 9	Step 10
										702.93
									589.03	
								493.59		493.59
							413.61		413.61	
						346.59		346.59		346.59
					290.43		290.43		290.43	
				243.37		243.37		243.37		243.37
			203.94		203.94		203.94		203.94	
		170.89		170.89		170.89		170.89		170.89
	143.20		143.20		143.20		143.20		143.20	
120.00		120.00		120.00		120.00		120.00		120.00
	100.56		100.56		100.56		100.56		100.56	
		84.26		84.26		84.26		84.26		84.26
			70.61		70.61		70.61		70.61	
				59.17		59.17		59.17		59.17
					49.58		49.58		49.58	
						41.55		41.55		41.55
							34.82		34.82	
								29.17		29.17
									24.45	
										20.49

Option Valuation Lattice

Step 0	Step 1	Step 2	Step 3	Step 4	Step 5	Step 6	Step 7	Step 8	Step 9	Step 10
										702.93
									589.03	
								493.59		493.59
							413.61		413.61	
						346.59		346.59		346.59
					290.43		290.43		290.43	
				243.43		243.37		243.37		243.37
			204.30		204.06		203.94		203.94	
		172.07		171.61		171.15		170.89		170.89
	146.01		145.36		144.61		143.77		143.20	
125.48		124.77		123.88		122.77		121.22		120.00
	109.32		108.49		107.41		105.93		103.20	
		97.95		97.13		96.03		94.57		90.00
			91.44		90.88		90.13		90.00	
				90.00		90.00		90.00		90.00
					90.00		90.00		90.00	
						90.00		90.00		90.00
							90.00		90.00	
								90.00		90.00
									90.00	
										90.00

Figura 20 – Hoja de Auditoria para la Opción de Abandono

La Figura 21 muestra la misma opción de abandono pero con un enrejado de 100 pasos. Para proseguir, abra el archivo de ejemplo de Capital Único SLS *Opción de Abandono Americana*. Note que el enrejado de 10 pasos trae como resultado $125.48 mientras que el enrejado de 100 pasos trae $125.45, indicando que los resultados del enrejado han alcanzado convergencia. La Ecuación Terminal es *Max(Capital,Residual) [Max(Asset,Salvage)]* lo cual significa que la decisión en madurez va a decidir si la opción debe ser ejecutada, vendiendo el capital y recibiendo el valor residual, o no ejecutar, reteniendo el capital. La Ecuación Intermedia empleada es *Max(Salvage,OptionOpen) [Max(Residual,OpciónAbrir)]* indicando que antes de la madurez, la decisión se ejecute temprano en esta opción americana para abandonar y recibir el valor residual, o retener el capital, y así, retener y mantener la opción abierta para futura ejecución potencial, denotado solamente como *OptionOpen*. La Figura 22 muestra la versión europea de la opción de abandono, donde la Ecuación Intermedia es simplemente *OptionOpen)*, ya que la ejecución temprana está prohibida antes de la madurez. Claro que pudiendo solamente ejecutar la opción en la madurez vale menos ($124.5054 comparado con $125.4582) que poder ejercerla tempranamente. Los archivos de ejemplo empleados son: *Opción de Abandono Americana* y *Opción de Abandono Europea*. Por ejemplo, el manufacturador de la aerolínea en el caso anterior puede estar de acuerdo con la provisión de volver a comprar que se puede ejercer en cualquier momento por el cliente de la aerolínea al contrario de solo una fecha específica al final de 5 años—la anterior opción americana tendrá claramente más valor que la última opción europea.

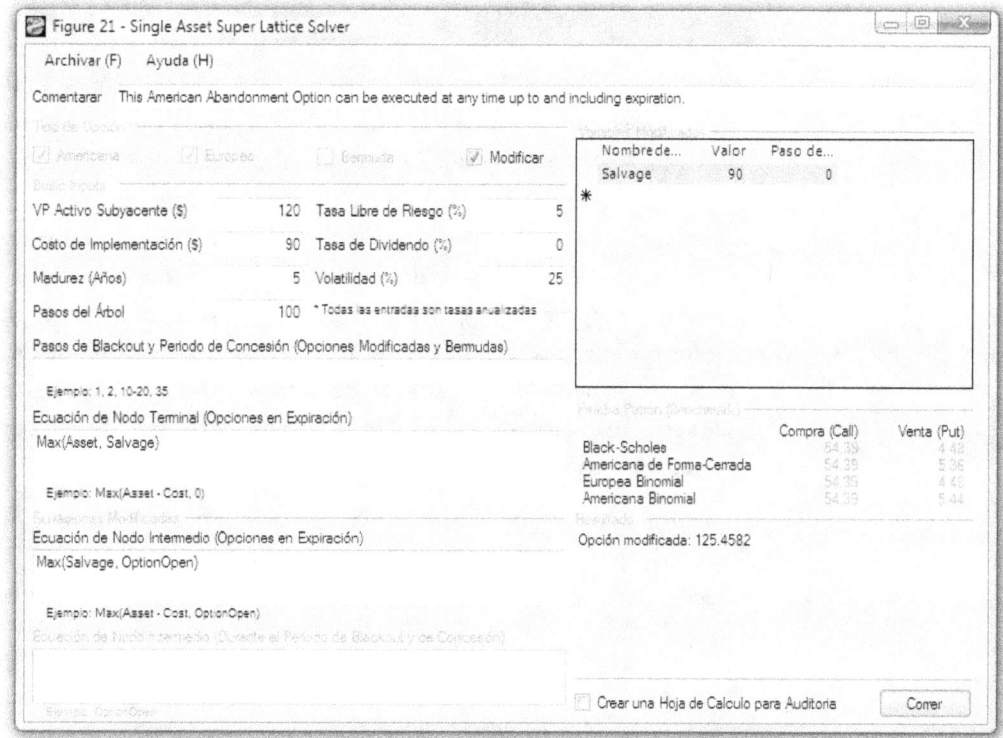

Figura 21 – Opción de Abandono Americana con Enrejado de 100 Pasos

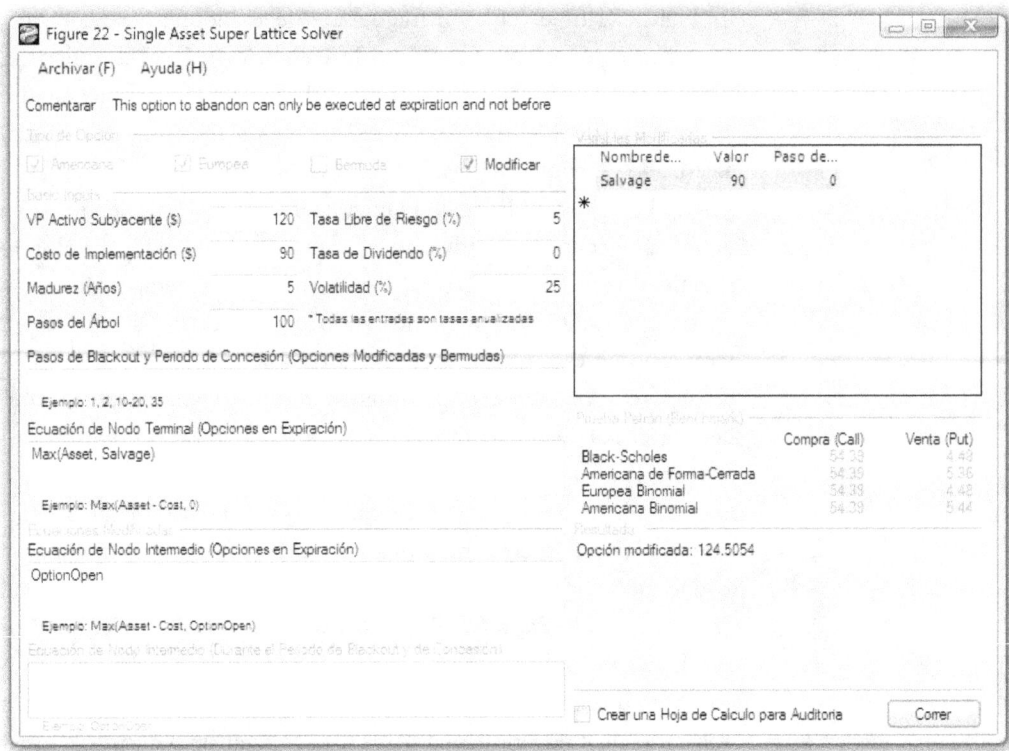

Figura 22 – Opción de Abandono Europeo con enrejado de 100 Pasos

Algunos veces, una opción de Bermuda es apropiada, donde pudiese haber un periodo de revestimiento o un periodo blackout cuando la opción no puede ser ejecutada. Por ejemplo, si el contrato estipula que para el contrato de vuelta de compra de abandono de 5 años, el cliente de la aerolínea no puede ejecutar la opción de abandono dentro de los primeros 2.5 años. Esto se muestra en la Figura 23 usando una opción de Bermuda con un enrejado de 100 pasos, donde los pasos blackout son del 0-50. Esto significa que durante los primeros 50 pasos (también ahora mismo o paso 0), la opción no puede ser ejecutado. Este se modela al insertar *OptionOpen* dentro de la Ecuación Intermedia durante los periodos Blackout y Revestimiento. Esto fuerza al poseedor de la opción para solo mantener la opción abierta durante el periodo de revestimiento, previniendo la ejecución durante este periodo blackout.

Usted puede ver que la opción americana vale más que la opción de Bermuda, la cual vale más que la opción europea en la Figura 23, en virtud de la habilidad de cada tipo de opción para ejecutarse tempranamente y la frecuencia de posibilidades de ejecución.

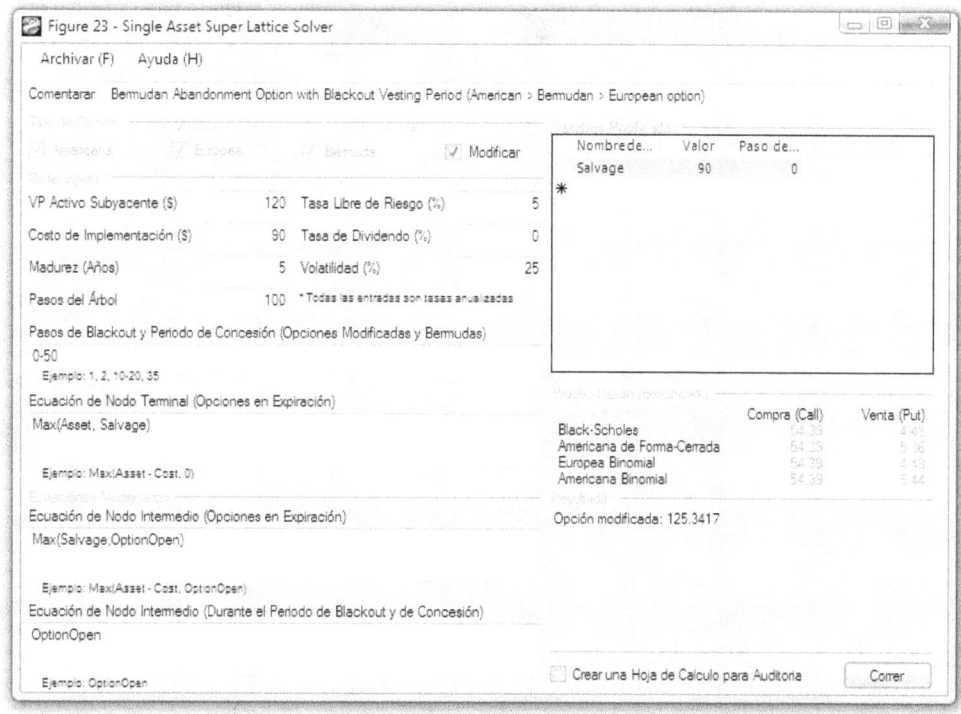

Figura 23 – Opción de Abandono de Bermuda con Enrejado de 100 Pasos

Algunas veces, el valor residual de la opción podría cambiar con el tiempo. Para ilustrar, en el ejemplo de adquisición de la firma inicial, la propiedad intelectual probablemente se incremente con el tiempo a causa de las actividades de investigación continua, de ahí que cambien los valores residuales con el tiempo. Un ejemplo se ve en la Figura 24, donde hay 5 valores a cerca de la opción de abandono de 5 años. Esto se puede modelar al usar las Variables a la Medida. Escriba en el *Nombre de Variable, Valor, y Paso Inicial* y dé *INGRESAR* para ingresar las variables una a la vez como se ve en la lista de Variables a la Medida de la Figura 24. Note que el mismo nombre de variable *(Residual)* es usado pero los valores cambian con el tiempo, y los pasos de inicio indican cuando estos diferentes valores llegan a ser efectivos. Por ejemplo, el valor residual de $90 aplica en el paso 0 antes de que el siguiente valor residual de $95 aparezca en el paso 21. Esto significa que por una opción de 5 años con enrejado de 100 pasos, los primeros años incluyendo el periodo actual (pasos 0 a 20) tendrán un valor residual de $90, el cual después se incrementa a $95 en el segundo año (pasos 21 a 40), y así por lo consiguiente. Note que mientras el valor de la propiedad intelectual se incrementa con el tiempo, los resultados de la valuación de la opción también incrementan, lo cual tiene sentido. Usted puede también modelar en periodos de revestimiento y blackout por los primeros 6 meses (pasos 0-10 en el área blackout). El periodo blackout es muy típico en cuestiones de obligaciones contractuales de opciones de abandono donde, durante periodos específicos, la opción no puede ser ejecutada (un periodo de enfriamiento).

Note que usted podría usar *TAB* en el teclado para moverse desde la columna de nombres de variable a la columna de valor, y hacia la columna de pasos iniciales. Sin embargo, recuerde dar *ENTER* en el teclado para insertar la variable y crear una nueva fila para que usted pueda ingresar una variable nueva.

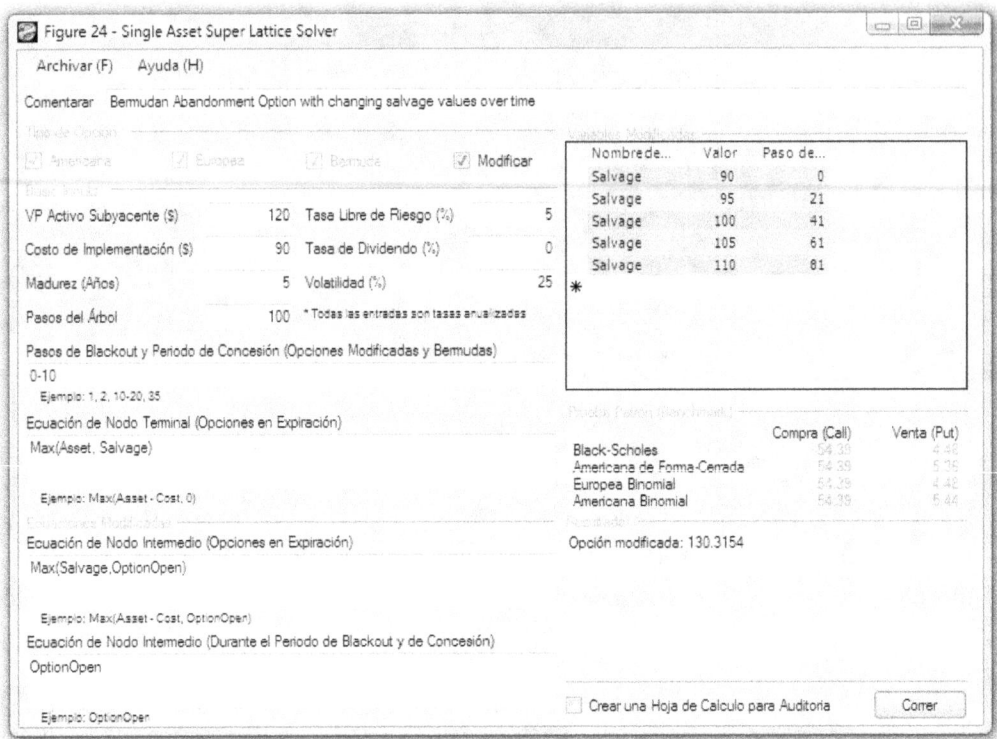

Figura 24 – Opción de Abandono a la Medida

2.2 Opciones de Contratación Americana, Europea, de Bermuda, y a la Medida

Una *Opción de Contratación* evalúa el valor de flexibilidad de poder reducir la salida de producción o de contratar la escala y alcance de un proyecto cuando las condiciones no son tan dóciles, de este modo reducir el valor del capital o proyecto mediante un *Factor de Contratación*, pero al mismo tiempo crear algunos *Ahorros* de costo. Como ejemplo, suponga que usted trabaja para una gran firma manufacturadora de aeronáutica que no esta segura de la eficacia tecnológica y demanda del mercado para su nueva flota de jets supersónicos de alto alcance. La firma decide protegerse a través del uso de opciones estratégicas. Específicamente una opción para contratar el 10% de sus instalaciones de manufacturado en cualquier momento dentro de los próximos 5 años (i.e., el *Factor de Contratación* es de 0.9).

Suponga que la firma tiene una estructura operante actual cuya valuación estática de futura rentabilidad usando un modelo de flujo descontado (en otras palabras, el valor presente de los futuros flujos de efectivo descontado a una apropiada tasa de descuento de riesgo ajustado del Mercado) es de $1,000 millones (Capital al VP). Usando la simulación de Monte Carlo, calcule que la volatilidad implicada de las ganancias logarítmicas del valor del capital de los flujos descontados proyectados a futuro sea del 30%. La tasa libre de riesgo en el capital sin riesgo (Documento del Tesoro de U.S. de 5 años con cero cupones) se encuentra que da como resultado el 5%.

Más aún, suponga que la firma tiene la opción de contratar el 10% de sus operaciones actuales en cualquier momento sobre los próximos 5 años, de esta manera crear un adicional de $50 millones en ahorros después de esta contratación. Estos términos son fijados a través de un arreglo legal contractual con uno de sus vendedores, quien había accedido a suscribir la capacidad de exceso y espacio de la firma. Al mismo tiempo, la firma puede disminuir en escala y suspender parte de su fuerza de trabajo existente para obtener este nivel de ahorro (en valores presentes).

Los resultados indican que le valor estratégico del proyecto es de $1,001.71 millones (usando un enrejado de 10 pasos como se muestra en la Figura 25), lo que significa que el VPN es actualmente de $1,000 millones y los $1.71 millones adicionales vienen de esta opción de contratación. Este resultado se obtiene ya que contratar ahora trae como resultado el 90% de $$1,000 millones + $50 millones, o $950 millones, lo cual es menos que permanecer en le negocio y no contratar y obtener $1,000 millones. De ahí que la decisión optima es no contratar inmediatamente sino mantener la habilidad de así hacerlo abierto para el futuro. Por lo tanto, al comparar esta decisión óptima de $1,000 millones a los $1,001.7 millones de poder contratar, la opción de contratar vale $1.71 millones. Esto debería ser el máximo monto que la firma estaría dispuesta a gastar para obtener esta opción (las cuotas contractuales y pagos a la contraparte vendedora).

En contraste, si los ahorros fuesen de $200 millones en vez, entonces el valor del proyecto estratégico llega a ser de $1,100, lo que significa que empezando en $1,000 millones y contratar el 10% para $900 millones y manteniendo los $200 millones en ahorro, trae como resultado $1,100 millones en valor total. Por lo tanto, el valor de la opción adicional es de $0 millones lo que significa que es óptimo ejecutar la opción de contratación inmediatamente ya que no hay valor de opción y ningún valor que espere contratar. Así que el valor de ejecutar ahora es de $1,100 millones como se compara con el valor del proyecto estratégico de $1,100, no hay valor de opción adicional, y la contratación debe ejecutarse inmediatamente. Esto es, en lugar de pedir al vendedor que espere, es mejor que la firma ejecute la opción de contratación ahora y capture el ahorro.

Otras aplicaciones incluyen posponer un proyecto R&D al gastar poco para mantenerlo funcionando pero se reservar el derecho a regresar a él para mejorar las condiciones; el valor de la sinergia en una fusión y adquisición donde algún personal de administración se les deja ir para crear ahorro adicional; reducir el alcance y medida de una planta de producción; reducir los índices de producción; una empresa conjunta o alianza, y así por lo consiguiente.

Para ilustrar, aquí hay algunos ejemplos adicionales rápidos de la opción de contratación (como anteriormente, dando algunos ejercicios adicionales de muestra para el resto de nosotros):

- Una compañía grande de gasolina y petróleo se embarca en una plataforma de perforación mar adentro que le costará a la compañía millones en implementar. Se corre un análisis DFC y el VPN resulta ser de $500 millones por los próximos 10 años de vida económica de la planta petrolífera en el mar. La tasa libre de riesgo por 10 años es del 5%, y la volatilidad resulta ser a un 45% anualizado usando los precios históricos como un poder. Si la expedición es altamente exitosa (los precios del petróleo son altos y las índices de producción se disparan), entonces la compañía continuará con sus operaciones. Sin embargo, si las cosas parecen ser no tan buenas (los precios del petróleo son bajos o moderados y la producción es decente), es muy difícil para la compañía abandonar las operaciones (¿por qué perder todo cuando el ingreso neto es aún positivo aunque no tan alto como se anticipó, y sin mencionar las ramificaciones legales y ambientales de simplemente abandonar una plataforma a la mitad del océano?). Entonces la compañía decide salvaguarda su inconveniente a través de una Opción de Contratación Americana. La compañía pudo encontrar una compañía más pequeña de gas y petróleo (un asociado anterior en las exploraciones) que se interesara en unirse a la aventura. La aventura conjunta se estructura de tal manera que la compañía petrolera paga a la pequeña contraparte una suma global de inmediato por un contrato de 10 años por lo cual en cualquier momento y a petición de la compañía, la pequeña contraparte tendrá que hacerse cargo de todas las operaciones de la plataforma (i.e., asumir control de todas las operaciones y por lo tanto, de todos los gastos relevantes) y mantener el 30% de las ganancias netas generadas. La contraparte esta de acuerdo ya que no tiene participación en los billones de dólares requeridos para implementar la plataforma en primer lugar, y en realidad obtiene alguna ganancia por este contrato al asumir el riesgo de este inconveniente. La compañía petrolera también accede ya que esta reduce sus propios riesgos si los precios del petróleo son bajos y la producción no es a la par, y termina ahorrando $75 millones en valor presente del total de los gastos generales de producción, lo cual entonces puede ser desplazado e invertido en algún otro lado. *En este ejemplo, la opción de contratación usando un enrejado de 100 pasos se valúa que sea de $14.24 millones usando SLS. Esto significa que el monto máximo que la contraparte debería pagar no debe de exceder de este monto. Claro que el análisis de opción puede ser bastante complicado al analizar el verdadero ahorro en base al valor presente. Por ejemplo, si la opción se lleva a cabo dentro de los primeros 5 años, el ahorro es de $75 millones, pero si se llevara a cabo dentro de los últimos 5 años, el ahorro sería de solo $50 millones. El valor de la opción revisado es ahora de $10.57 millones.*

- Una firma manufacturadota se interesa en comercializar al interior de la provincia China sus juguetes para niños. Al hacerlo, producirá un ahorro general por más de $20 millones en valor presente sobre la vida económica de los juguetes. Sin embargo, comercializar esto internacionalmente significará bajar el control de calidad, problemas de envíos atrasados, costos de importación adicionales, y asumiendo los riesgos añadidos de no estar familiarizado con las prácticas locales de negocios. Además, la firma solo considerará la comercialización solo si la calidad de la mano de obra en esta firma china cumple con los rigurosos estándares de calidad que requiere. El VPN de esta particular línea de juguetes es de $100 millones con el 25% de volatilidad. Los ejecutivos de la firma deciden adquirir una opción de contratación al ubicar una pequeña firma manufacturadota en China haciendo algunos gastos para hacer una *prueba de concepto a pequeña escala* (de ahí, reducir la incertidumbre de calidad, conocimiento, problemas de exportación-importación, y así por lo consiguiente). Si tiene éxito, la firma estará de acuerdo en dar el 20% a esta pequeña firma manufacturadora china de su ingreso neto como remuneración por sus servicios, más algunas tarifas de inicio. La pregunta es, ¿cuánto cuesta contratar esta opción?, esto es, ¿cuanto debería la firma estar dispuesta a pagar, en promedio, para cubrir las tarifas de inicio más los costos de esta etapa de prueba de concepto? *Un resultado de valuación de opción de contratación usando SLS muestra que la opción vale $1.59 millones, asumiendo un 5% de tasa libre de riesgo por el periodo de prueba de un año. Por lo tanto, mientras que el costo total por una prueba piloto cueste menos de $1.59 millones, es óptimo obtener esta opción, especialmente si esto significa potencialmente ser capaz de ahorrar cerca de $20 millones.*

La Figura 25 ilustra una simple Opción de Contratación de 10 pasos mientras que la Figura 26 muestra la misma opción usando un enrejado de 10 pasos (el archivo de ejemplo empleado es *Opción de Contratación Americana y Europea*). La Figura 27 ilustra una Opción de Contratación de Bermuda de 5 años con un periodo de revestimiento de 4 años (pasos de blackout 0 a 80 de un enrejado de 100 pasos a 5 años) donde los primeros 4 años, el poseedor de la opción solo puede mantener la opción abierta y no ejecutarla (el archivo de ejemplo usado es *Opción de Contratación a la Medida*). La Figura 28 muestra una opción a la medida donde hay un periodo blackout y el ahorro del cambio de contratación con el tiempo (el archivo de ejemplo usado es *Opción de Contratación a la Medida*). Estos resultados son para el ejemplo de manufacturación aeronáutica.

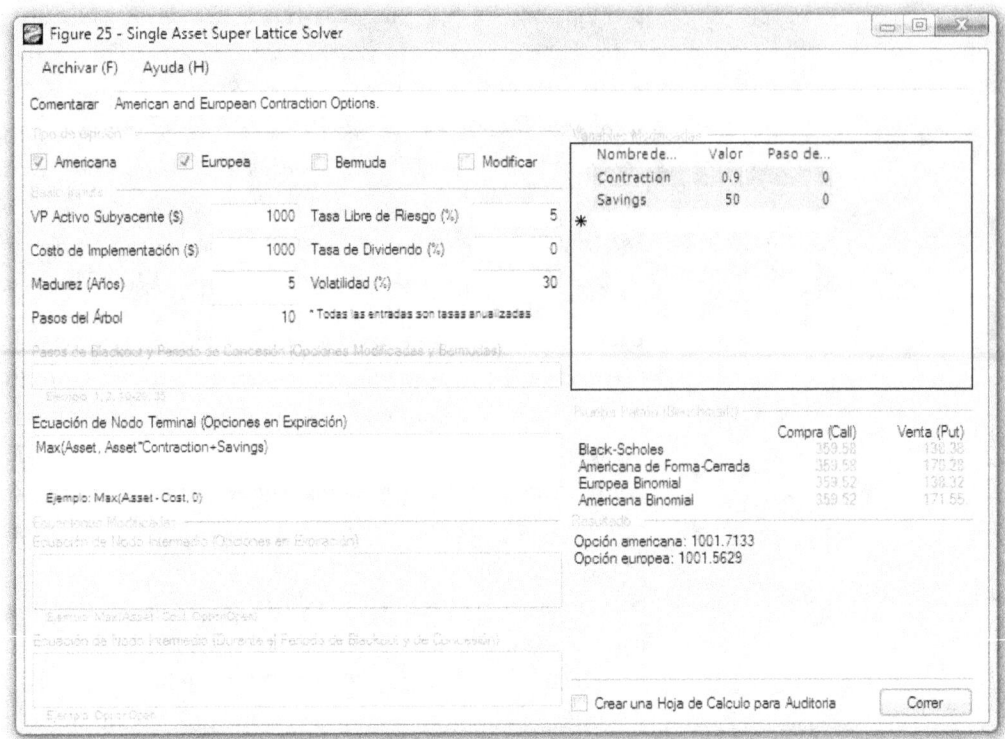

Figura 25 – Una Opción Americana y Europea Simple para Contratar con un Enrejado de 10 Pasos

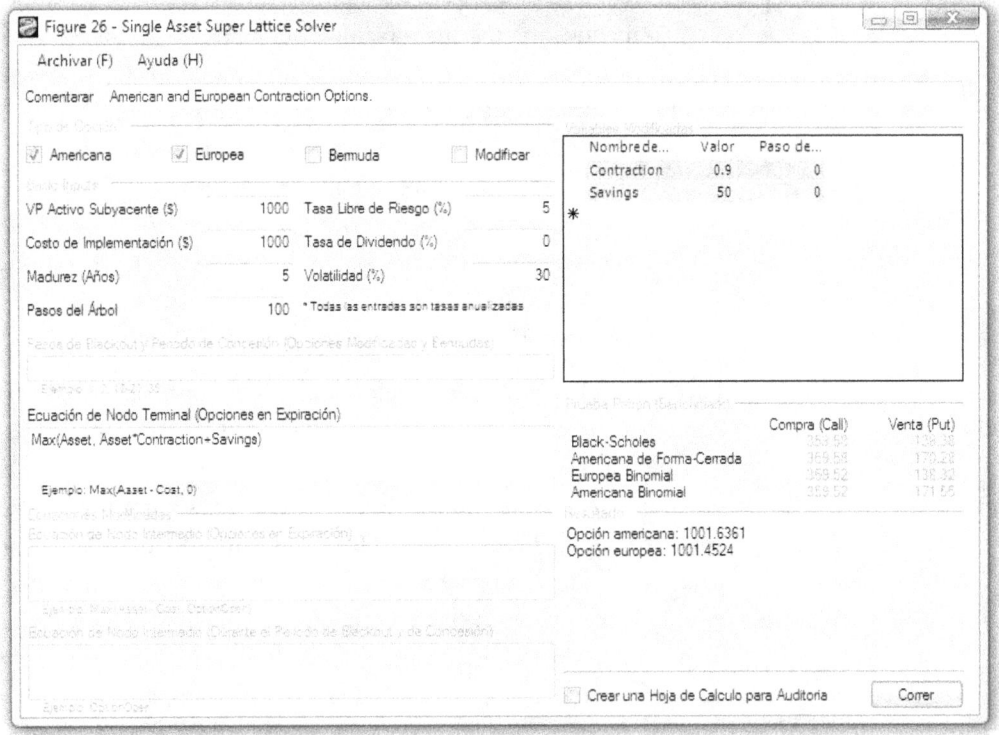

Figura 26 – Opciones Americana y Europea para Contratar con un Enrejado de 100 Pasos

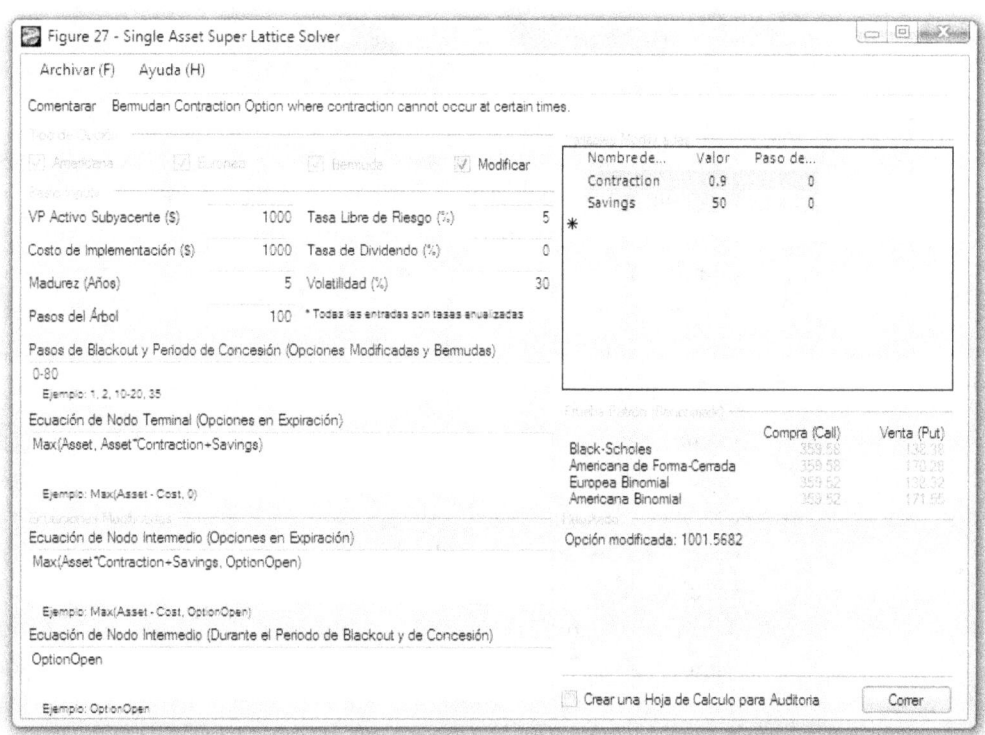

Figura 28 – Una Opción de Bermuda para Contratar con Periodos Blackout y
Revestimiento

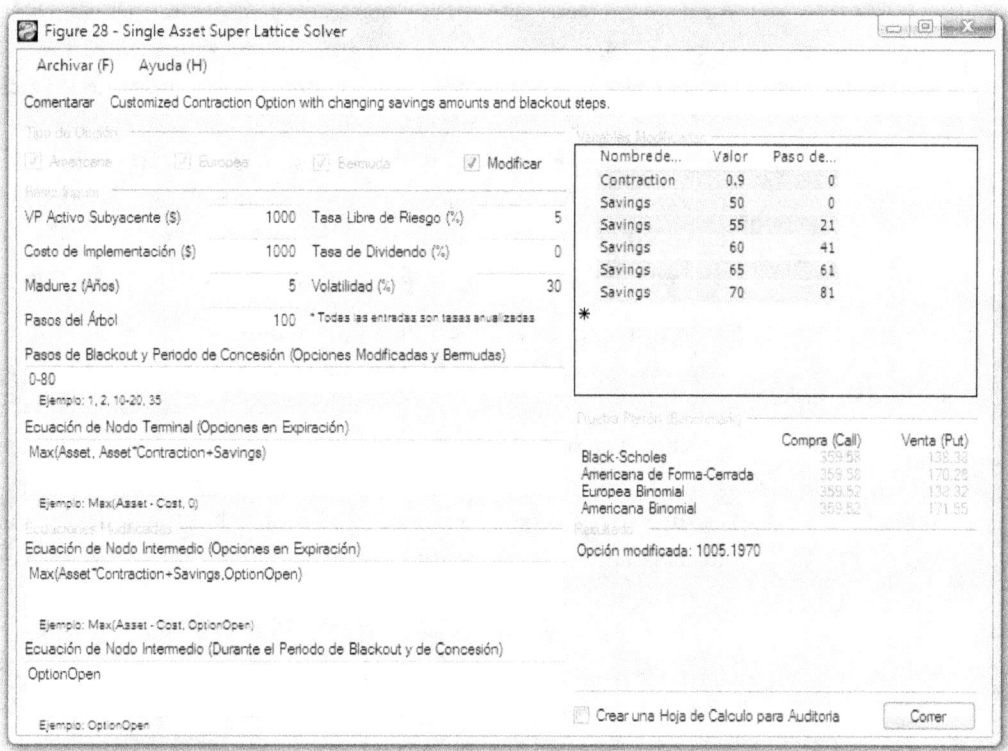

Figura 28 – Una Opción a la Medida para Contratar con Ahorro Cambiante

2.3 Opciones Americana, Europea y de Bermuda y de Expansión a la Medida

La *Opción de Expansión* evalúa la flexibilidad para expandir desde un estado actual existente a un estado más grande o más expandido. De ahí que un estado o condición existente primero deben estar presentes para usar la opción de expansión. Esto es, debe de haber un caso base en el cual expandirse. Si no hay estado de caso base, entonces la simple *Opción de Ejecución* (calculada usando la simple *Opción de Compra*) es más apropiada, donde lo que hay que solucionar es si ejecutar o no un proyecto inmediatamente o aplazar la ejecución.

Como un ejemplo, suponga que el crecimiento de una firma tiene una valuación estática de rentabilidad futuro usando un modelo de flujo de efectivo descontado (en otras palabras, el valor presente de los futuros flujos de efectivo descontado a una tasa de descuento de riesgo ajustado del mercado) de $400 millones (*Capital VP*). Usando una simulación Monte Carlo, usted puede calcular que la *Volatilidad* implicada de las ganancias logarítmicas en los capitales basados en los flujos de efectivo proyectados a futuro sea del 35%. La *Tasa Libre de Riesgo* en un capital libre de riesgo (Documento del Tesoro de los EU. a 5 años con cero cupones) por los próximos 5 años es del 7%.

Es más, suponga que la firma tiene la opción de expandir y duplicar sus operaciones al adquirir a su competidor por una suma de $250 millones (*Costos de Implementación*) en cualquier momento por los próximos 5 años (*Madurez*). ¿Cuál es le valor total de esta firma, asumiendo que usted cuenta con esta opción de expansión? Los resultados en la Figura 29 indican que le valor del proyecto estratégico es de $638.73 millones (usando un enrejado de 10 pasos), lo cual significa que le valor de la opción de expansión es de $88.73 millones. Este resultado es obtenido ya que el valor presente neto de ejecutar inmediatamente es de $400 millones x 2 – $250 millones, o $550 millones. En consecuencia, $638.73 millones menos $550 millones son $88.73 millones, el valor de la habilidad de *aplazar* y esperar y ver antes de ejecutar la opción de expansión. El archivo de ejemplo empleado es *Opción Americana y Europea de Expansión*.

Incremente la tasa de dividendo, digamos, el 2% y note que ambas, las Opciones Americana y Europea de Expansión, ahora valen menos, y que la Opción Americana de Expansión vale más que la Opción Europea de Expansión en virtud de la habilidad de la Opción Americana de ejecución temprana (Figura 30). La tasa de dividendo implica que el costo de esperar para expandir, para aplazar y no ejecutar, el costo de oportunidad de esperar en ejecutar la opción, y el costo de retener la opción, es alta, entonces la habilidad de aplazar se reduce. Además, incremente la *Tasa de Dividendo* al 4.9% y vea que el resultado de la Opción a la Medida del enrejado binómico se revierte a $550, (el contexto estático "expándase ahora"), indicando que la opción es sin valor (Figura 31). Este resultado significa que si el costo de esperar como una proporción del valor del capital (como se midió por la tasa de dividendo) es muy alto, ¡entonces ejecute ahora y deje de perder el tiempo en aplazar la decisión de expansión! Por supuesto que esta decisión puede ser revertida si la volatilidad es lo suficientemente significativa para compensar el costo de espera. Esto es, podría valer algo la pena esperar y ver si la incertidumbre es demasiado alta aún si el costo de esperar es alto.

Otras aplicaciones de esta opción ¡simplemente abundan! Para ilustrarlo, aquí están algunos ejemplos rápidos adicionales de la opción de contratación (como anteriormente, dando algunos ejercicios de muestra adicionales):

- Suponga que una firma farmacéutica esta pensando en desarrollar un nuevo tipo de insulina que puede ser inhalada y que este medicamento será directamente absorbida dentro del flujo sanguíneo. Una nueva y honorable idea. Imagine lo que esto significa para los diabéticos que ya no quieren más pasar por el sufrimiento de dolorosas inyecciones frecuentes. El problema es que este nuevo tipo de insulina requiere de un esfuerzo de desarrollo totalmente nuevo pero si la incertidumbre del mercado, competencia, desarrollo de medicamentos, y la aprobación del ADF (FDA) son altas, quizás un medicamento a base de insulina que pueda ser ingerida se desarrollará primero. La versión ingerible es un precursor requerido a la versión inhalada. La firma farmacéutica puede decidir si tomar el riesgo y apurarse en el desarrollo de la versión inhalada o comprar una opción para aplazar, primero para esperar y ver si la versión ingerible funciona. Si este precursor funciona, entonces la firma tiene la opción de expandirse en la versión inhalada. ¿Cuánto debería estar dispuesta la firma en gastar en pruebas adicionales de operación en el precursor y bajo que circunstancias la versión inhalada debería ser implementada directamente? Suponga que el trabajo de desarrollo del precursor intermedio trae un VPN de $100 millones, pero en cualquier momento dentro de los 2 primeros años, un adicional de $50 millones puede ser invertido a posteridad en el precursor para desarrollarlo en la versión inhalada, lo cual triplicará el VPN. Sin embargo, después de modelar el riesgo de éxito técnico y la incertidumbre en el mercado (amenazas competitivas, ventas, y estructura de precio), la volatilidad anualizada de los flujos de efectivo usando el enfoque de ganancias del valor presente logarítmico llega a ser del 45%. Suponga que la tasa libre de riesgo es de 5% por el periodo de 2 años. *Usando el SLS, los resultados del análisis traen como resultado $254.95 millones, indicando que el valor de la opción para esperar y aplazar tiene como valor más de $4.95 millones después de contabilizar los $250 de VPN si se ejecuta ahora. Al jugar con diferentes escenarios y contextos, el punto de partida uniforme se encuentra cuando el resultado del dividendo es de 1.34%. esto significa que si el costo de esperar (ganancias netas pérdidas en ventas al buscar el mercado más pequeño en vez de un mercado más amplio, y pérdida de las acciones del mercado al retrasar) excede el $1.34 millones por año, entonces no es óptimo esperar y la firma farmacéutica debería dirigirse a la versión inhalada inmediatamente. La pérdida de ganancias generada cada año no cubre suficientemente los riesgos incurridos.*

- Una compañía de gas y petróleo está actualmente decidiendo sobre una exploración mar adentro y un proyecto de perforación. La plataforma provee una expectativa de $1,000 millones de VPN. Este proyecto está forjado con riesgos (el precio del petróleo y el índice de producción son inciertos) y la volatilidad anualizada se computa al 55%. La firma esta considerando en adquirir una opción de expansión al gastar $10 millones en adicional para construir una plataforma ligeramente más grande que actualmente no necesita, pero si el precio del petróleo es alto o cuando el índice de producción sea bajo la firma pueda ejecutar esta opción de expansión y llevar cabo perforaciones adicionales para obtener más petróleo para vender a mayor precio, lo cual costará otros $50 millones, por lo tanto incrementar el VPN por el 20%. La vida económica de esta plataforma es de 10 años y la tasa libre de riesgo por el término correspondiente es de 5%. ¿Vale la pena obtener esta plataforma ligeramente más grande? *Usando el* SLS *el valor de la opción es de $27.12 al aplicar un enrejado de 100 pasos. Por lo tanto, el costo de $10 millones de la opción lo vale. Sin embargo, está opción de expansión no valdrá la pena si los dividendos anuales exceden el 0.75% o $7.5 millones al año---esto es las ganancias anuales netas pérdidas por esperar y no perforar como un porcentaje del caso base VPN.*

La Figura 32 muestra una Opción de Expansión de Bermuda con ciertos pasos de revestimiento y blackout., mientras la Figura 33 muestra una Opción de Expansión a la Medida para explicar el factor de expansión cambiante con el tiempo. Por supuesto que otros sabores de hacer a la medida la opción de expansión existen, incluyendo el cambiar el costo de implementación a expandir, y así por lo consiguiente.

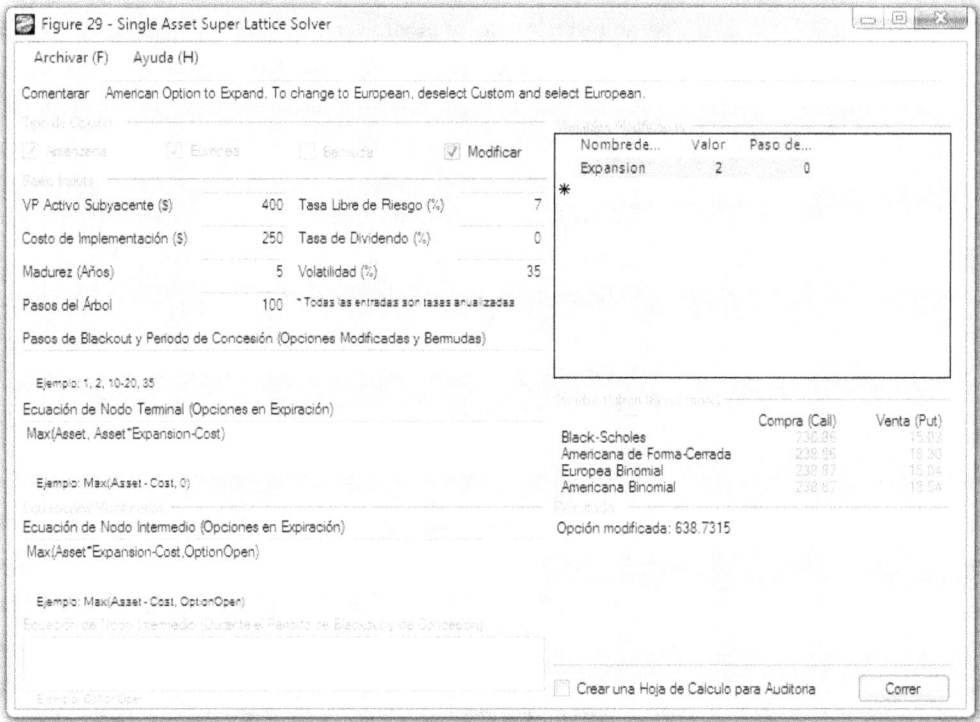

Figura 29 – Opciones Americana y Europea para Expandir con un Enrejado de 100 Pasos

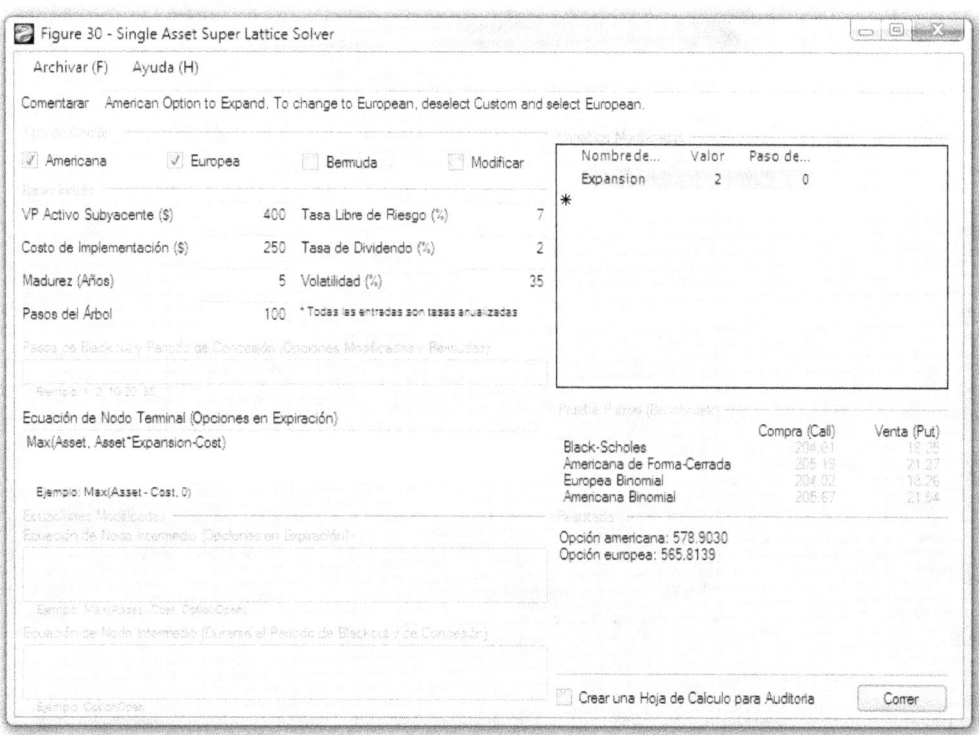

Figura 30 – Opciones Americana y Europea para Expandir con una Tasa de Dividendo

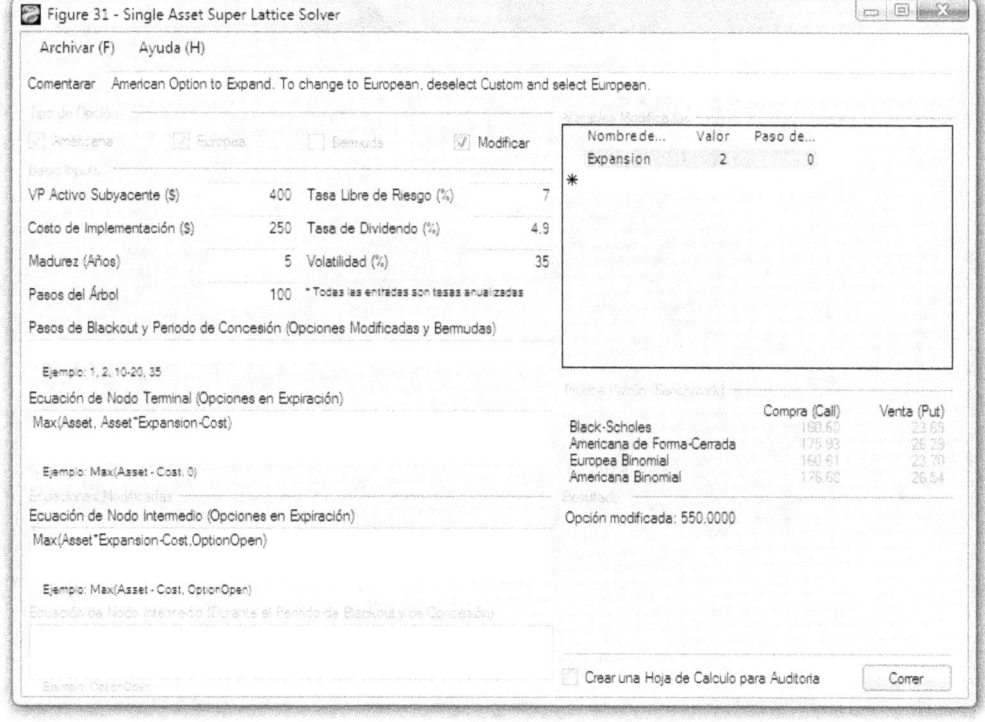

Figura 31 – Valor Disparador Óptimo de Tasa de Dividendo

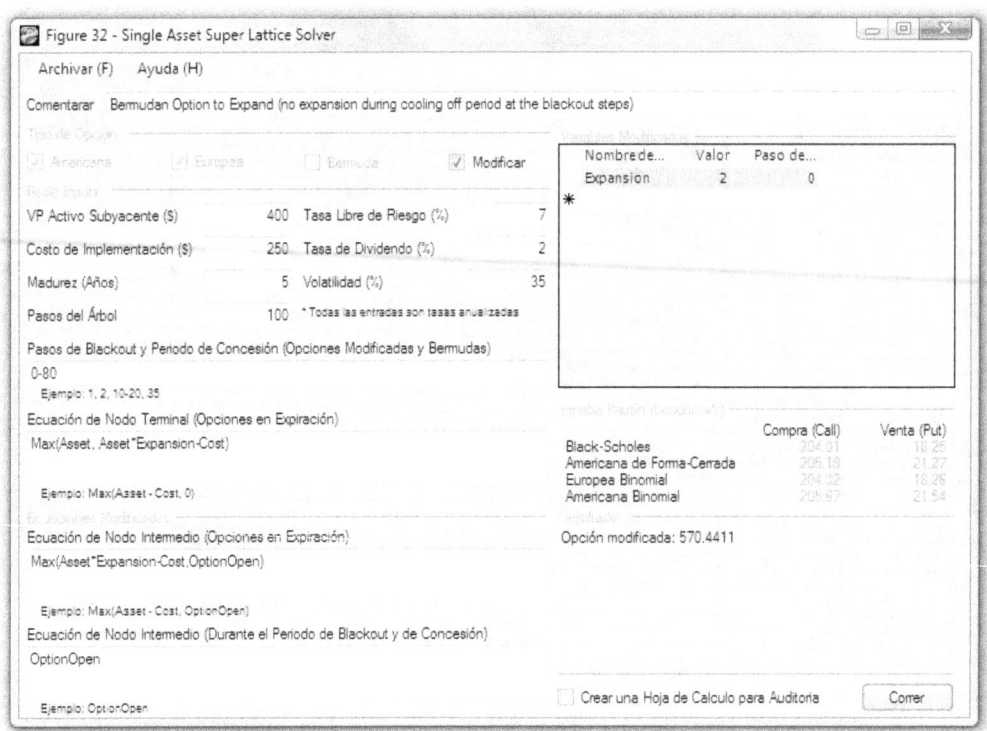

Figura 32 – Opción de Bermuda de Expansión

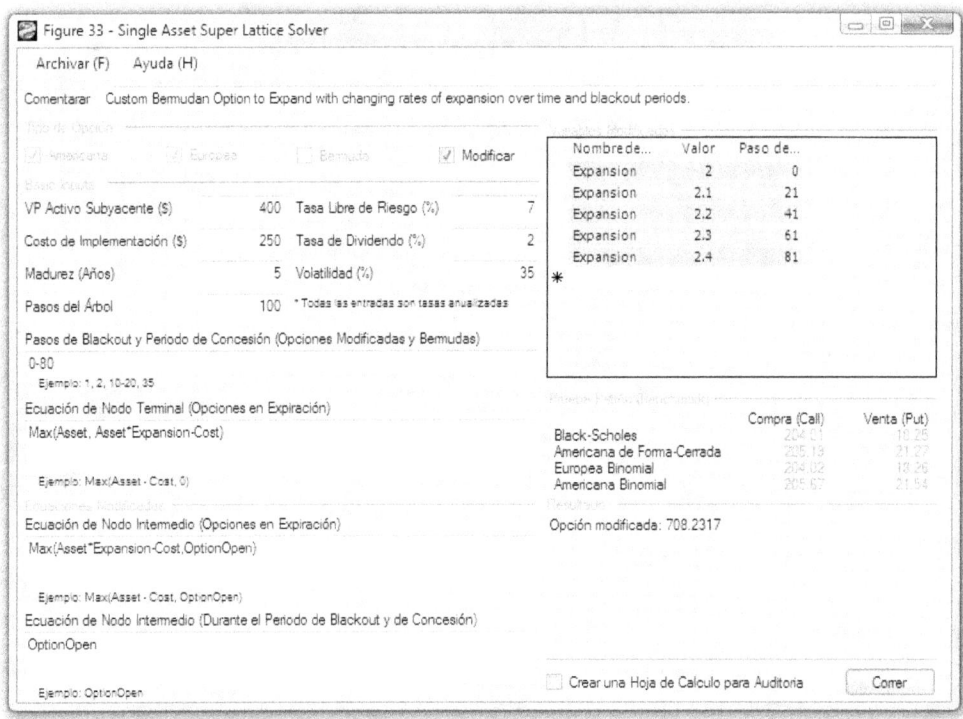

Figura 33 – Opción a la Medida de Expansión

2.4 Opciones de Contratación, Expansión, y Abandono

La *Opción de Contratación, Expansión, y Abandono* aplica cuando una firma tiene tres opciones de **competencia y mutualmente exclusivas** en un solo proyecto a escoger en diferentes ocasiones hasta el tiempo de término. Ponga atención a que este es un conjunto de opciones mutualmente exclusivas. Esto es, usted no puede ejecutar ninguna de las combinaciones de expansión, contratación, o abandono al mismo tiempo. Solo una opción puede ser ejecutada en cualquier momento. Es decir, para opciones mutualmente exclusivas, use solo un modelo para computar el valor de la opción como se ve en la Figura 34 (el archivo de ejemplo utilizado es: *Expandir Contrato de Opción Americana, Europea y Abandono*). Sin embargo, si las opciones no son mutualmente exclusivas, calcúlelas individualmente en diferentes modelos y añada los valores para el valor total de la estrategia.

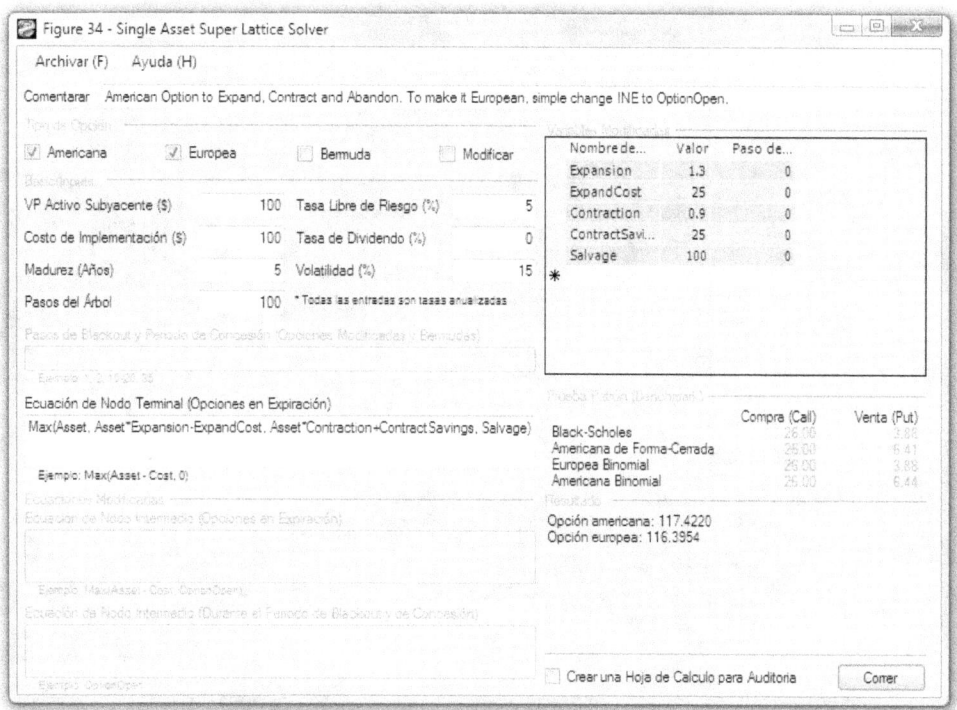

Figura 34 – Opciones Americana, Europea, y a la Medida para Expandir, Contratar, y Abandonar

La Figura 35 ilustra una Opción de Bermuda con los mismos parámetros pero con ciertos periodos blackout (el archivo de ejemplo utilizado es: *Expandir Contrato de Opción de Bermuda de Abandono*), mientras la Figura 36 (el archivo de ejemplo utilizado es: *Expandir Contrato de Opción II a la Medida, Europea y Abandono*) ilustra una Opción a la Medida más compleja en donde algún periodo de revestimiento anterior, la opción para expandir todavía no existe (quizás la tecnología que se está desarrollando todavía no está suficientemente madura en las primeras etapas para ser expandida dentro de alguna tecnología indirecta). Además, durante el periodo de post revestimiento pero anterior a la madurez, la opción de contratar o abandonar no existe (quizás ahora la tecnología está siendo revisada para oportunidades indirectas), y así sucesivamente. Finalmente, la Figura 37 utiliza el mismo ejemplo que la Figura 36 pero ahora a los parámetros de entrada (valor residual) se les permite cambiar con el tiempo quizás justificando el incremento, capital, y valor de la firma si se abandonara en diferentes ocasiones (el archivo de ejemplo utilizado es: *Expandir Contrato de Opción II a la Medida*).

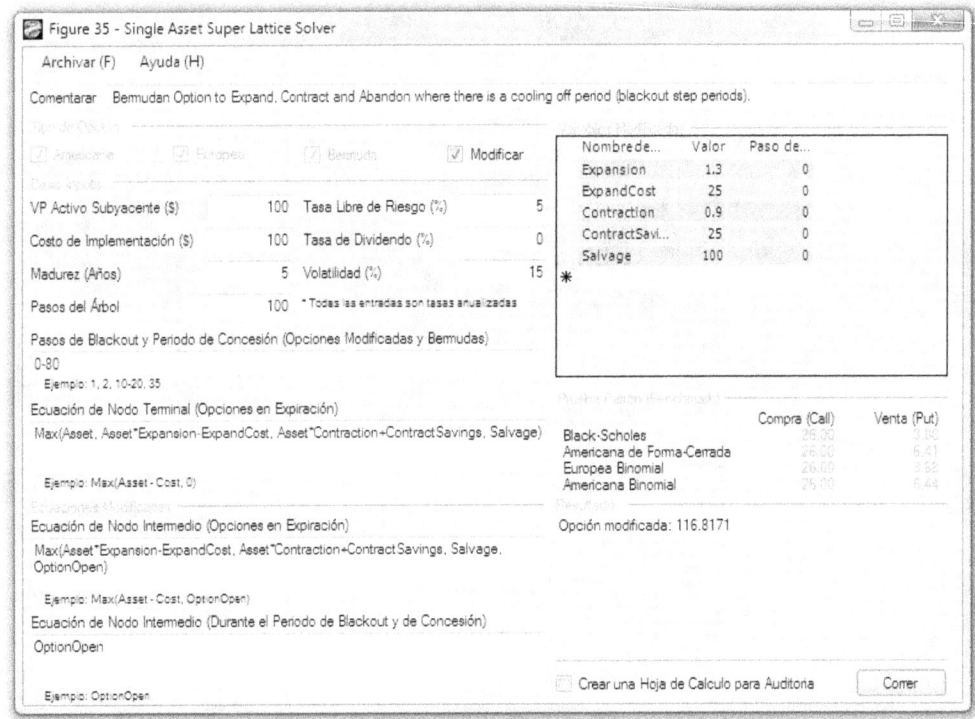

Figura 35 – Opción de Bermuda para Expandir, Contratar, y Abandonar

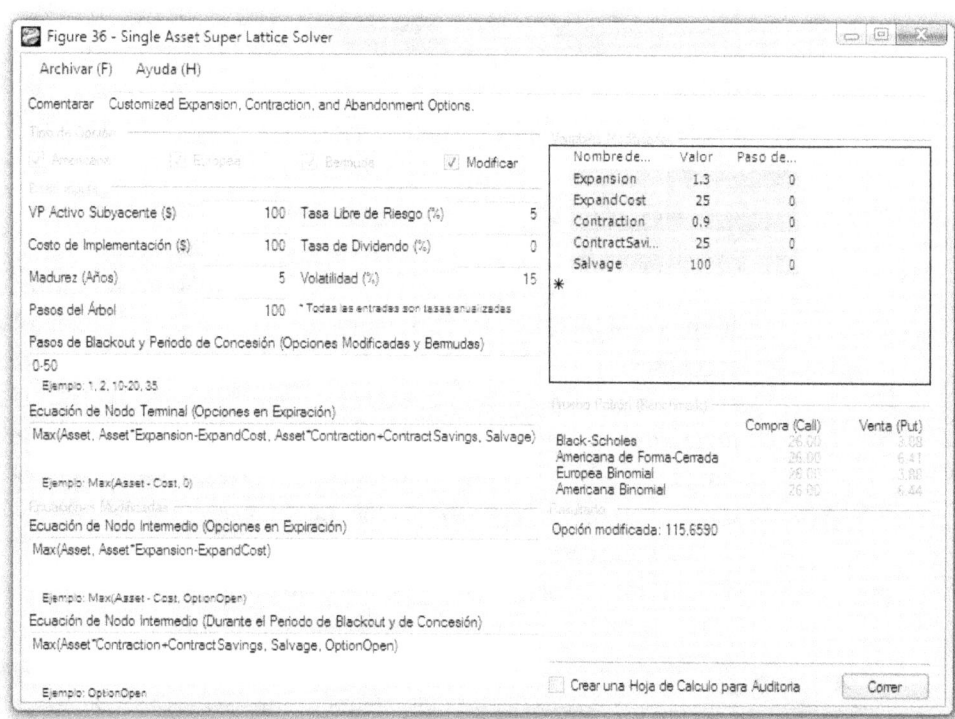

Figura 36 – Opciones a la Medida con Capacidades Mixtas de Expandir, Contratar, y Abandono

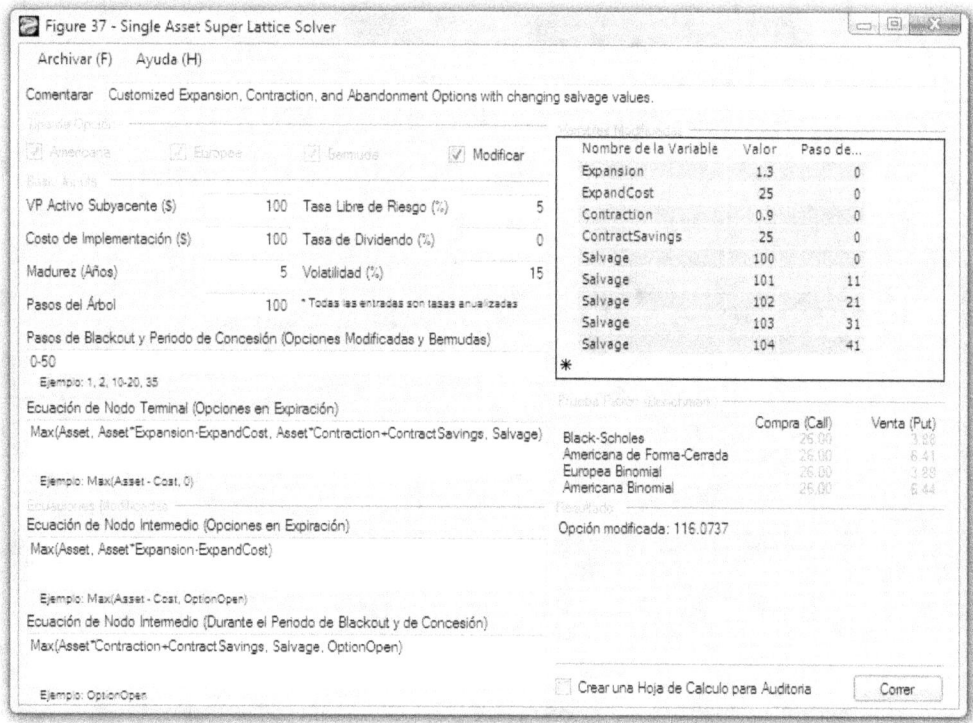

Figura 37 – Figura 36 – Opciones a la Medida con Capacidades Mixtas de Expandir, Contratar, y Abandono con Parámetros de Entrada Cambiantes

La Figura 38 muestra el cómputo de Opciones Americana, Europea, y de Bermuda básicas sin dividendos (el archivo de ejemplo utilizado es: *Opciones de Compra Americana y Europea Básicas, contra Bermuda*), mientras la Figura 39 muestra el cómputo de las mismas opciones pero con una resultante con dividendo. Por supuesto que las Opciones Europeas solo pueden ser ejecutadas al término y no antes, mientras que en las Opciones Americanas, se permite ejercicio anterior, al contrario de una Opción de Bermuda donde el ejercicio temprano es permitido excepto durante periodos de revestimiento y blackout. Note que los resultados para las tres opciones sin dividendos son idénticos para opciones de compra simples, pero difieren cuando existen dividendos. Cuando los dividendos son incluidos, los valores de la opción de compra simple para las opciones Americana $\geq$ de Bermuda $\geq$ Europea en la mayoría de los casos básicos, como se ve en la Figura 39 (inserte una tasa de dividendo del 5% y pasos de blackout de 0-50). Claro que está generalidad solo se puede aplicar a opciones de compra de vainilla simple y no necesariamente aplica a otras opciones exóticas (e.g., opciones de Bermuda con múltiples de comportamiento de ejercicio subóptimo y revestimiento algunas veces tienden a llevar un valor más alto cuando ocurren blackout y revestimiento, que las opciones americanas regulares con los mismos parámetros de ejercicio subóptimo.).

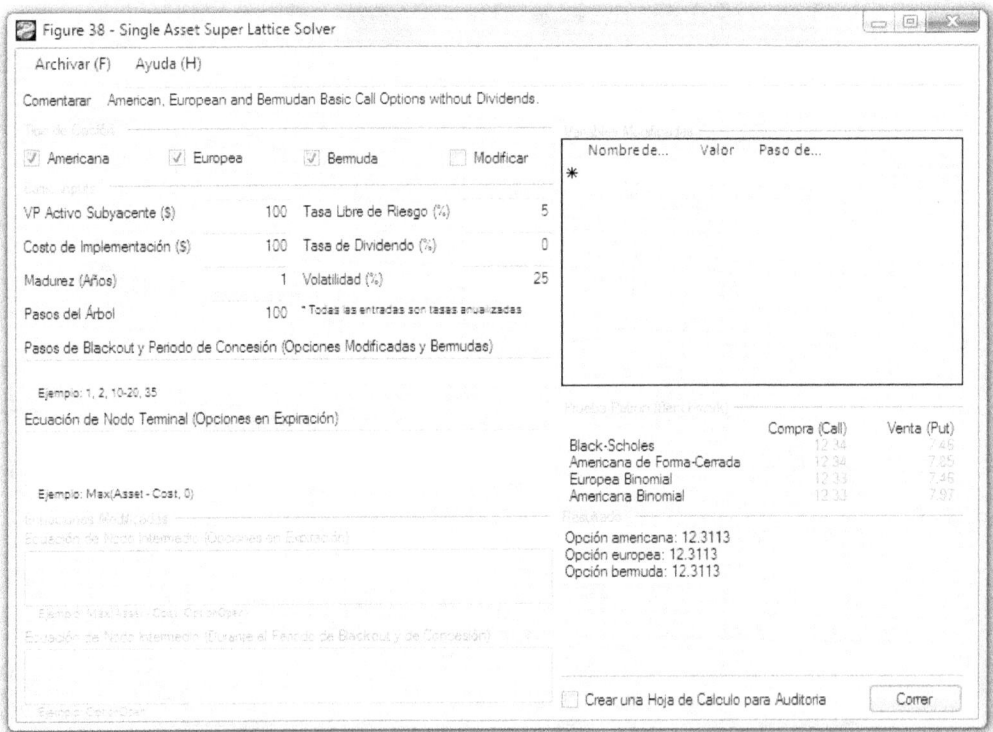

Figura 38 – Opciones Americana, de Bermuda, y Europea Simples sin Dividendos

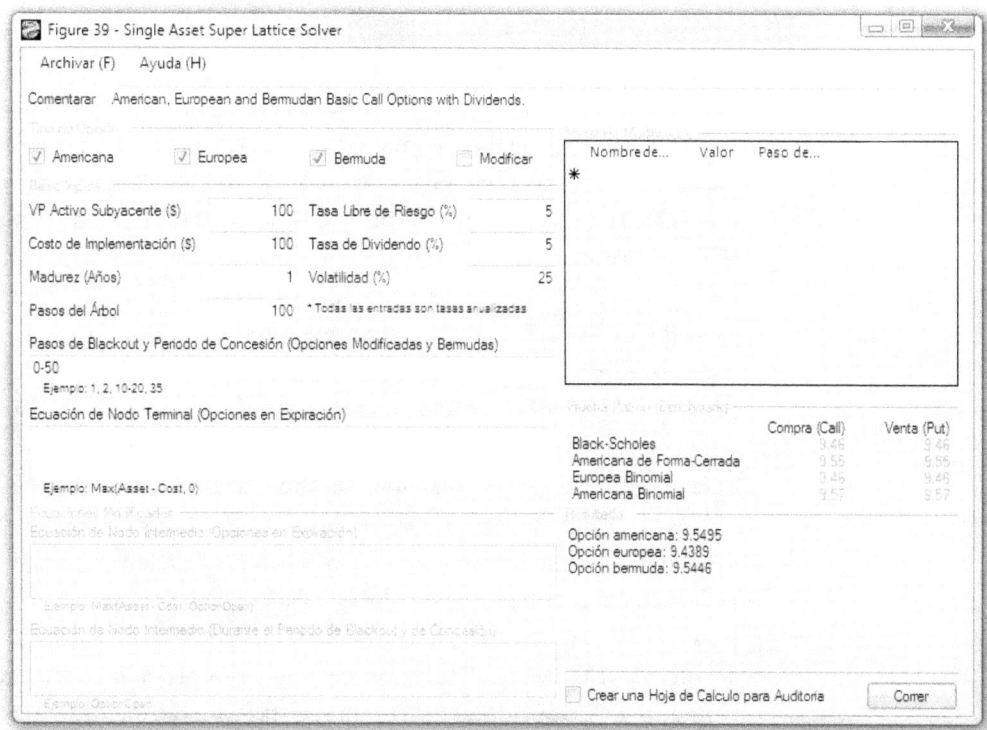

Figura 39 – Opciones Americana, de Bermuda, y Europea Simples con Dividendos y Pasos Blackout

2.6 Opciones de Venta Americana, Europea, y de Bermuda Básicas

Las *Opciones de Venta Americana y Europea* sin dividendos se calculan usando el SLS en la Figura 40. Los resultados de muestra de este cálculo indican el valor estratégico del VPN del proyecto y proveen una opción para vender el proyecto dentro de la *Madurez* especificada en años. Hay una probabilidad de que el valor del proyecto pueda exceder significativamente el estimado de punto único del *Valor de Capital VP* (medido por el valor presente de todos los flujos de efectivo descontado futuros a la tasa de riesgo ajustado de ganancia) o que sean menores a él. Por lo tanto, la opción **aplazar** y **esperar,** al menos que se resuelva la incerteza a través del paso del tiempo, valdrá más la pena que ejecutarla inmediatamente. El valor de poder esperar antes de ejecutar la opción y vender el proyecto a *Costo de Implementación* en valores presentes, es el valor de la opción. El VPN de ejecutar inmediatamente es simplemente el *Costo de Implementación* menos el *Valor de Capital* ($0). El valor de la opción de poder esperar y aplazar vendiendo el capital solamente si la condición sale mal y se vuelve óptima para venderse es la diferencia entre el resultado calculado (valor estratégico total) y el VPN o $24.42 para la Opción Americana y $20.68 para la Opción Europea. La opción de venta americana vale más que la opción de venta europea aún cuando no existen dividendos, contrario a las opciones de compra vistas anteriormente. Para opciones de compra simples, cuando no existen dividendos, nunca resulta óptimo ejercer tempranamente opciones de venta, sin tomar en cuenta si existen resultados de dividendos. De hecho, el resultado de un dividendo reducirá el valor de una opción de compra pero incrementará el valor de una opción de venta. Esto es, ya que cuando los dividendos son pagados, el valor del capital se reduce. Así, la opción de compra valdrá menos y la opción de venta valdrá más. Entre más grande sea el resultado del dividendo, más tempranamente se deberá ejercer la opción de compra y se deberá ejercer la opción de venta más tardíamente.

La opción de venta se puede resolverse al establecer la Ecuación Terminal como *Max(Cost–Asset,0)* *[Máximo(Costo-Capital,0)]* como se ve en la Figura 40 (el archivo de ejemplo utilizado es: *Opción de Venta de Vainilla Simple*).

Las ventas tienen un resultado similar que las compras en que cuando se incluyen dividendos, los valores de la opción de venta básica para opciones Americana ≥ de Bermuda ≥ y Europea en la mayoría de casos básicos. Usted puede confirmar esto al solamente establecer la Tasa de Dividendo al 3% y los Pasos de Blackout a 0-80 y volver a correr el módulo SLS.

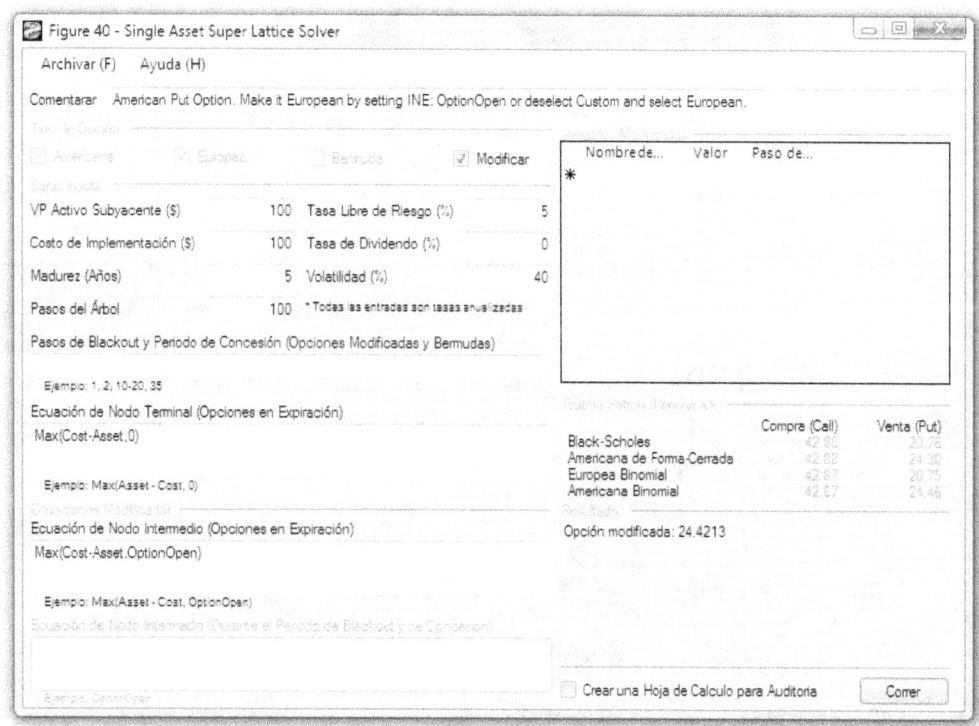

Figura 40 – Opciones de Venta Americana y Europea usando SLS

Muchos tipos de usuario-definido y opciones exóticas se pueden resolver usando el SLS y el MSLS. Por ejemplo, la Figura 41 muestra una Opción Exótica de Selector (el archivo de ejemplo utilizado es: *Opción Exótica de Selector*). En este simple análisis, el poseedor de la opción tiene dos opciones, una compra y una venta. En vez de tener que adquirir o comprar dos opciones separadas, se obtiene una sola opción, la cual permite al poseedor de la opción escoger si la opción será una venta o una compra, y de ahí reducir el costo total de obtener dos opciones separadas. Por ejemplo, con los mismos parámetros de entrada en la Figura 41, la Opción de Selector Americana vale $6.7168, comparado con $4.87 para la compra y $2.02 para la venta ($6.89 es el costo total por dos opciones separadas).

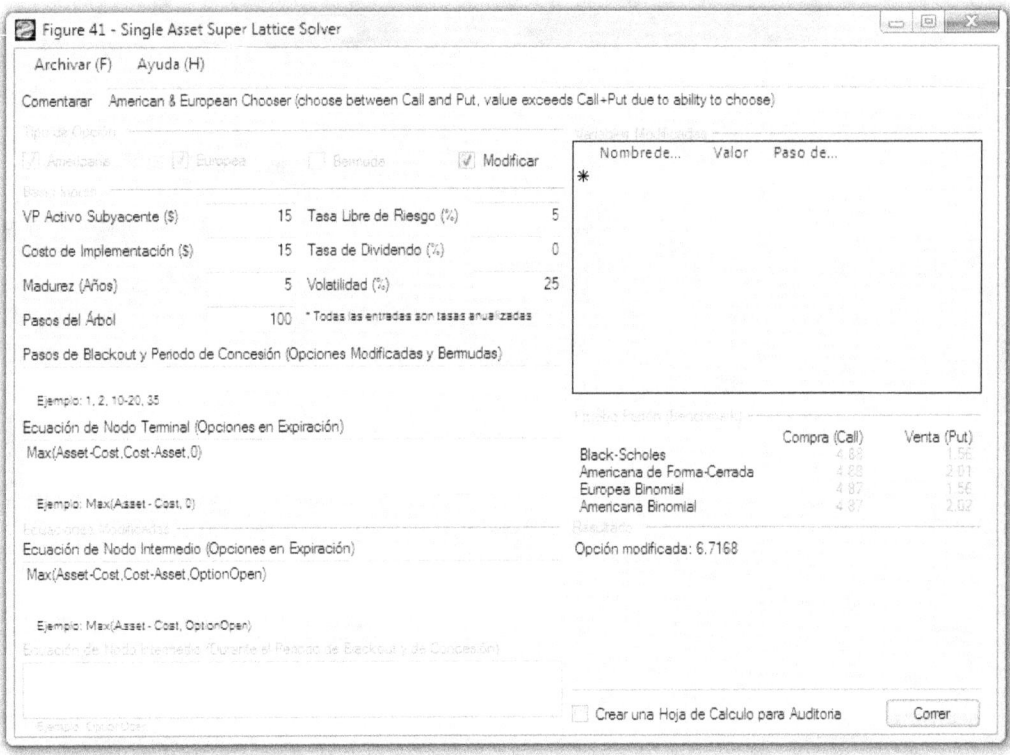

Figura 41 – Opción Exótica de Selector Americana y Europea usando SLS

Una Opción de Selector más compleja se puede construir usando MSLS como se ve en la Figura 42 (el archivo de ejemplo utilizado es: *Selector Exótico Complejo Europeo Flotante*) y la figura 43 (el archivo de ejemplo utilizado es: *Selector Exótico Complejo Americano Flotante*). En estos ejemplos, los costos de ejecución de la compra versus la venta se establecen a diferentes niveles. Un ejemplo interesante de una Opción de Selector Complejo es una firma desarrollando nueva tecnología que es altamente incierta y riesgosa. La firma intenta cubrir sus bajas así como capitalizar sus altas al crear una Opción de Selector. Esto es, la firma puede decidir construir ella misma la tecnología una vez que la fase de desarrollo se complete en contra de vender la propiedad intelectual de la tecnología, ambos a diferentes costos. Para asuntos más complicados, usted puede usar el MSLS para solucionar la situación rápida y fácilmente donde construir más que vender la opción, cada una tiene una diferente volatilidad y tiempo a escoger.

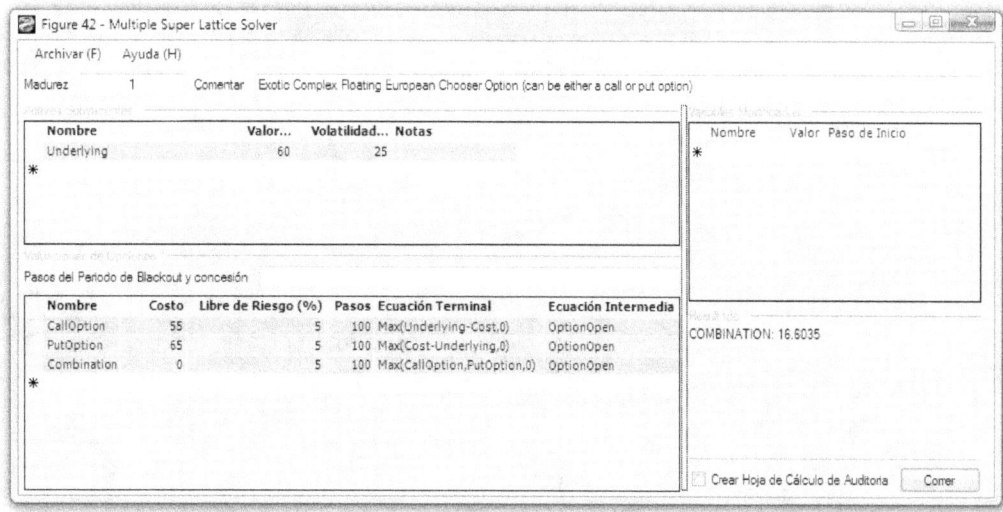

Figura 42 – Opción Exótica de Selector Compleja Europea usando MSLS

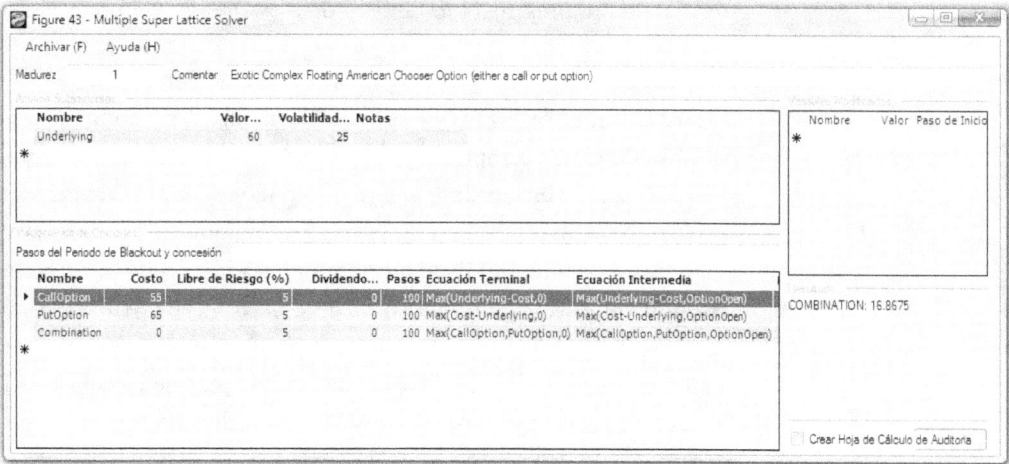

Figura 43 – Opción Exótica de Selector Compleja Americana usando MSLS

2.8 Opciones Compuestas Secuenciales

Las Opciones Compuestas Secuenciales son aplicables para inversiones de investigación y desarrollo u otras inversiones que tienen múltiple etapas. El MSLS se requiere para solucionar Opciones Compuestas Secuenciales. La manera más fácil de entender esta opción es empezar con un ejemplo de dos fases como se ve en la Figura 44. En el ejemplo de dos fases, la dirección tiene la habilidad de decidir si la Fase II (FII) debería ser implementada después de obtener los resultados de la Fase I (FI). Por ejemplo, un proyecto piloto o investigación de mercado en FI indica que el mercado todavía no está listo para el producto, de ahí que la FII no esté implementada. Todo lo que se pierde es el costo hundido de la FI, no la inversión entera de ambas FI y FII. Un ejemplo abajo ilustra como se analiza la opción.

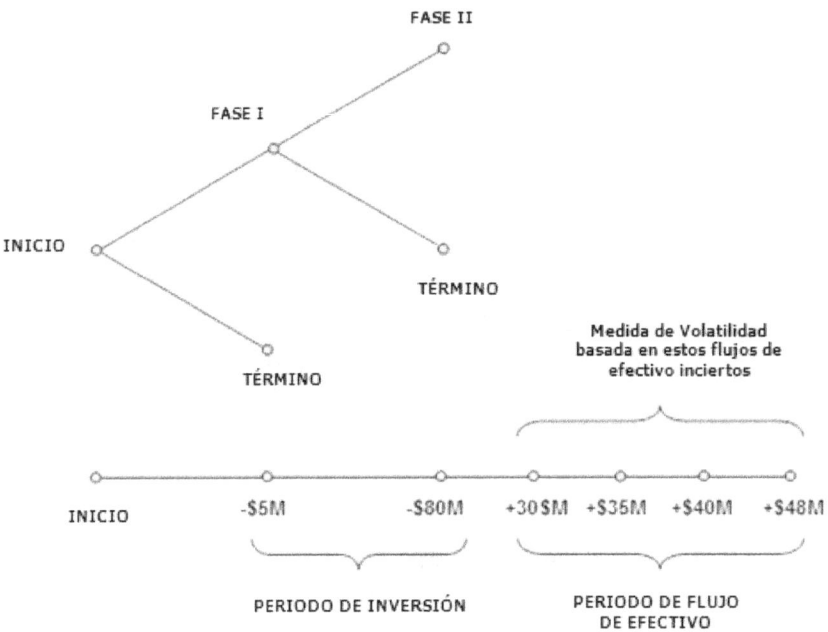

Figura 44 – Representación Gráfica de una Opción Compuesta Secuencial de Dos Fases

La ilustración en la Figura 44 es valuable al explicar y comunicar al director los aspectos de una Opción Compuesta Secuencial Americana y sus trabajos internos. En la ilustración, la inversión de *Fase I* de -$5 millones (en dólares al valor actual) en Año 2 es seguida por la inversión de *Fase II* de -$80 millones (en dólares al valor actual) en Año 2. Prometedoramente, flujos de efectivo de tasa libre positiva (FE) seguirán en Años 3 a 6, trayendo como resultado una suma de *Capital VP* de $100 millones (FE descontados al, digamos, 9.7% de tasa de descuento o tope), y la *Volatilidad* de estos FE es de 30%. A una tasa libre de riesgo del 5%, el valor estratégico se calcula en $27.67 como se ve en la Figura 45 usando un enrejado de 100 pasos, lo que significa que el valor de la opción estratégica de poder **aplazar** inversiones y **esperar y ver** hasta que haya más información disponible y se resuelva la incertidumbre vale $612.67 millones, ya que el VPN vale $15 millones ($100 millones - $5 millones - $85 millones). En otras palabras, el **Valor Esperado de Información Perfecta** vale $12.67 millones, lo que indica que asumiendo que la investigación de mercado se pueda usar para obtener información creíble para decidir si este proyecto es realmente bueno, lo máximo que la firma debería estar dispuesta a gastar en la Fase I es *en promedio no más de* $17.67 millones (i.e., $12.67 millones + $5 millones) si FI es parte de la iniciativa de investigación de mercado, o simplemente $12.67 millones de otra manera. Si el costo a obtener la información creíble excede este valor, entonces es óptimo tomar el riesgo y ejecutar el proyecto entero inmediatamente a $85 millones. El archivo de ejemplo del módulo de Capital Múltiple que se utiliza es: *Opción Compuesta Secuencial Simple de Dos Fases*.

En contraste, si la volatilidad baja (la incertidumbre y el riesgo son bajos), el valor de la opción estratégica se reduce. Además, cuando el costo de esperar (como es descrito por la *Tasa de Dividendo* como un porcentaje del *Valor de Capital*) se incrementa, es mejor no aplazar y esperar tanto. De ahí que entre más alta la tasa de dividendo, más bajo el valor de la opción estratégica. Por ejemplo, a una tasa de dividendo del 8% y 15% de volatilidad, el valor resultante revierte al VPN de $15 millones, lo que significa que le valor de la opción es de cero, y que es mejor ejecutar inmediatamente ya que el costo de esperar tanto sobrepasa el valor de poder esperar dado el nivel de volatilidad (incertidumbre y riesgo). Finalmente, si los riesgos y la incertidumbre se incrementan significativamente aún con un alto costo de espera (e.g., tasa de dividendo del 7% al 30% de volatilidad) es aún valuable esperar.

Este modelo provee el creador-de-decisión con un panorama dentro del balance óptimo entre *esperar por más información* (Valor Esperado de Información Perfecta) y el *costo de esperar*. Usted puede analizar este balance al crear *opciones estratégicas para aplazar* inversiones a través de etapas de desarrollo donde en cada etapa el proyecto es reevaluado para saber si es benéfico proceder a la siguiente fase. Basado en los pronósticos de entrada usados en este modelo, los resultados de la *Opción Compuesta Secuencial* muestran el valor estratégico del proyecto, y el VPN es simplemente *Capital VP* menos los *Costos de Implementación* de ambas fases. En otras palabras, el valor de la opción estratégico es la diferencia entre el valor estratégico calculado menos el VPN. Se recomienda para su consideración que las entradas de volatilidad y dividendo sean variadas para determinar sus interacciones—específicamente, donde los puntos de partida uniforme sean para diferentes combinaciones de volatilidades y dividendos. Así, usando esta información, usted puede tomar mejores decisiones de *ir* o *no ir* (por ejemplo, los puntos de partida uniforme de volatilidad se pueden trazar a la inversa dentro del modelo de flujo de efectivo descontado para estimar la probabilidad de cruzar y que esta habilidad llegue a ser valuable).

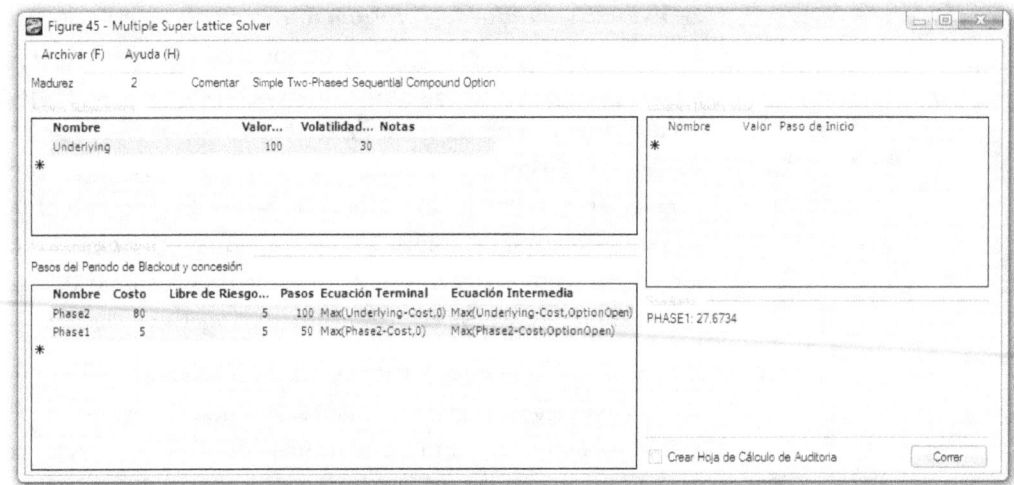

Figura 45 – Solucionando una Opción Compuesta Secuencial de Dos Fases usando MSLS

2.9 Opciones Compuestas Secuenciales Multifaseadas

La Opción Compuesta Secuencial puede ser extendida similarmente a múltiples fases a través del uso de MSLS. Una representación gráfica de una inversión multifaseada o etapa de entrada se ve en la Figura 46. El ejemplo ilustra un proyecto multifase en donde cada manejo de fase tiene la opción y flexibilidad de continuar a la siguiente fase si todo sale bien, o de otra manera finalizar el proyecto. Basado en los pronósticos de entrada, los resultados en el MSLS indican el valor estratégico calculado del proyecto, mientras que el VPN del proyecto es simplemente el *Capital VPN* menos todos los *Costos de Implementación* (en valores presentes) si se implementan todas las fases inmediatamente. Por eso, con el valor estratégico de la opción de poder aplazar y esperar antes de implementar fases futuras, por que debido a la volatilidad hay una posibilidad de que el valor del capital sea significativamente más alto. De ahí que la habilidad de esperar antes de tomar las decisiones de inversión en el futuro sea el valor de la opción o el valor estratégico del proyecto menos el VPN.

La Figura 47 muestra los Resultados usando el MSLS. Note que debido al proceso de inducción reversa usada, la convención analítica es empezar con la última fase y seguir todo el proceso hacia atrás hasta la primera fase (el archivo de ejemplo utilizado del módulo de Capital Múltiple: *Opción Compuesta Secuencial para Fases Múltiples*). En términos de VPN el proyecto vale -$500. Sin embargo, el valor total estratégico de la opción de inversión de etapa de entrada vale $41.78. Esto significa que aunque basado en el VPN la inversión se ve mal, pero en realidad al cubrir los riesgos e incertidumbres a través de inversiones secuenciales, el poseedor de la opción puede retirarse en cualquier momento y no tener que seguir invirtiendo al menos que las cosas se vean prometedoras. Si después de la primera fase 65 las cosas van mal, retírese y deje de invertir y la pérdida máxima será de $100 (Figura 47) y no la inversión completa de $1,500. Si aún las cosas se ven halagüeñas, el poseedor de la opción puede continuar invirtiendo en etapas. El valor esperado de las inversiones en valores presentes después de tomar en cuenta que las probabilidades de que las cosas salgan mal (y de ahí, dejar de invertir), y al contrario si las cosas se ven mejor (y por lo consiguiente, seguir invirtiendo), vale un promedio de $41.78 millones.

Note que el resultado de la valuación de opción siempre será mayor o igual a cero (e.g., intente reducir la volatilidad a 5% e incrementar el resultado del dividendo al 8% para todas la fases). Cuando el valor de la opción está por muy debajo o es de cero, esto significa que no es óptimo aplazar inversiones y que este proceso de inversión de etapa de entrada no es óptimo aquí. El costo de esperar es demasiado alto (alto dividendo) o que las incertidumbres en los flujos de efectivo son bajos (baja volatilidad), por lo tanto, invertir si el VPN es positivo. En tal caso, aunque usted obtenga un valor cero para la opción, ¡la interpretación analítica es significativa! Un cero o un valor muy bajo es indicativo de una decisión óptima de no esperar.

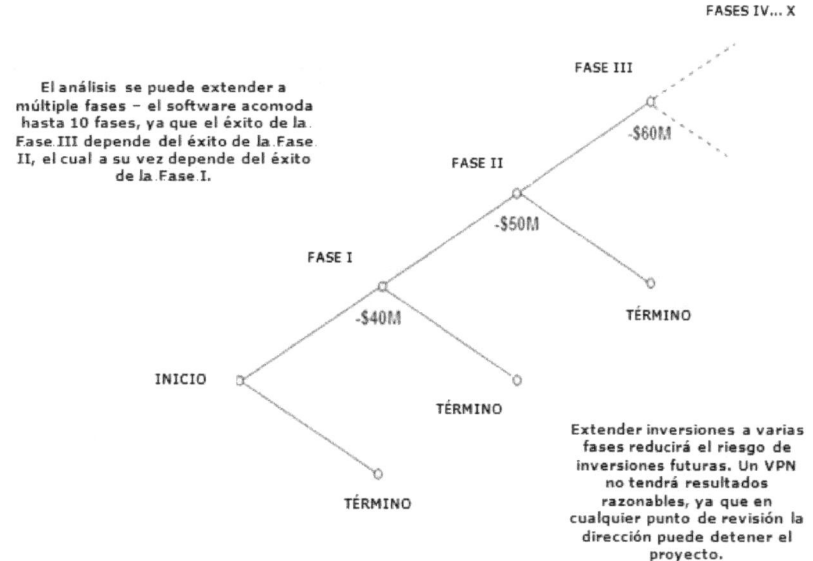

Figura 46 – Representación Gráfica de una Opción Compuesta Secuencial Multifaseada

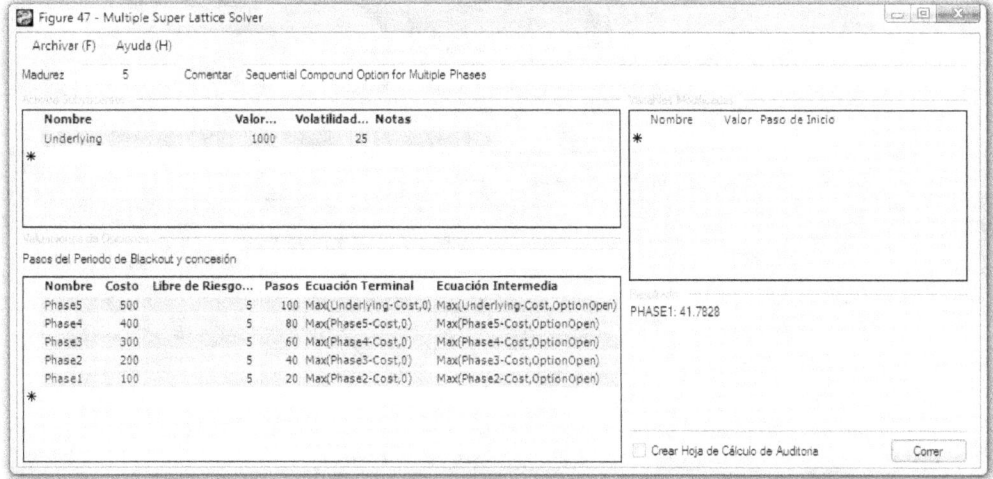

Figura 47 – Resolviendo una Opción Compuesta Secuencial Multifaseada usando MSLS

La Opción Compuesta Secuencial puede ser más complicada al añadir opciones a la medida a cada fase como se ilustra en la Figura 48, donde en cada fase podría haber diferentes combinaciones de opciones exclusivas mutuas incluyendo la flexibilidad de dejar de invertir , *abandonar* y *salvar* el proyecto a cambio de algún valor, *expandir* el alcance del proyecto dentro de otro proyecto (e.g., proyectos inmediatos y expandir a diferentes ubicaciones geográficas), contratar el alcance del proyecto resultante en algunos ahorros, o continuar hacia la siguiente fase. Lo que parece una opción complicada puede ser fácilmente resuelta usando MSLS como se muestra en la Figura 49 (archivo de ejemplo utilizado: *Opción Compuesta Secuencial Compleja Multifaseada*).

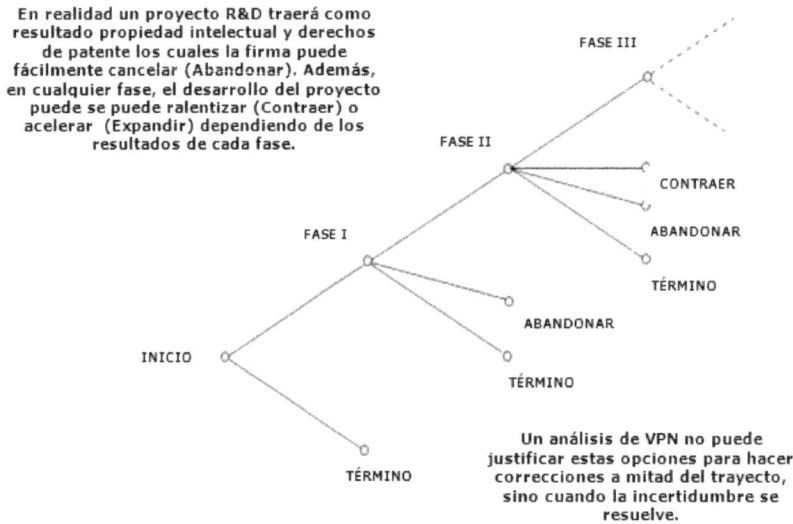

Figura 48 – Representación Gráfica de una Opción Compuesta Multifaseada Compleja

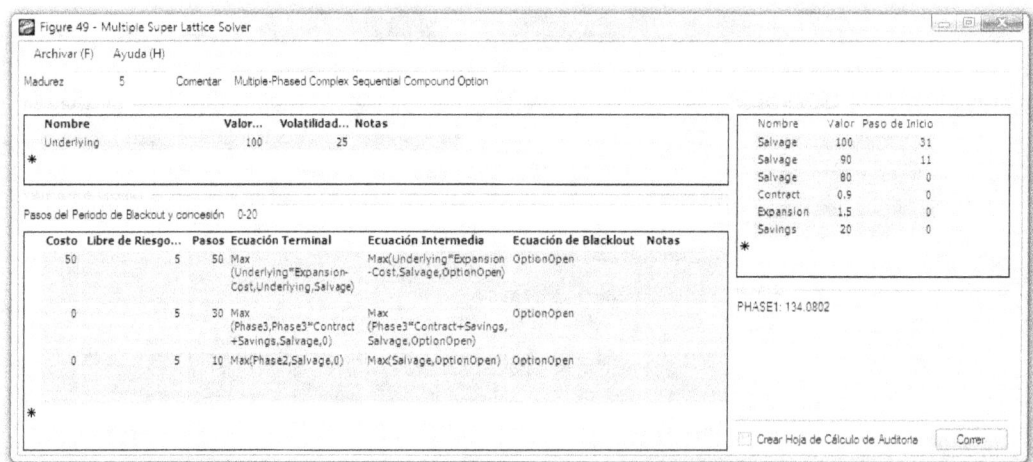

Figura 49 – Solucionando una Opción Compuesta Secuencial Mutltifaseada Compleja usando MSLS

Para ilustrar, la Figura 49 de la opción secuencial de curso dependiente usa las entradas siguientes:

- Fase 3:

  - Terminal: Max(Underlying*Expansion-Cost,Underlying,Salvage)

  - Intermedio: Max(Underlying*Expansion-Cost,Salvage,OptionOpen)

  - Pasos: 50

- Fase 2:

  - Terminal: Max(Phase3,Phase3*Contract+Savings,Salvage,0)

  - Intermedio: Max(Phase3*Contract+Savings,Salvage,OptionOpen)

  - Pasos: 30

- Fase 1:

  - Terminal: Max(Phase2,Salvage,0)

  - Intermedio: Max(Salvage,OptionOpen)

  - Pasos: 10

2.11 Opciones de Curso Dependiente, Curso Independiente, Mutualmente Exclusivas, No Mutualmente Exclusivas y Combinatorias Complejas de Inversión

Las Opciones Compuestas Secuenciales son **opciones de curso dependiente**, donde una fase depende del éxito de otra, en contraste a aquellas **opciones de curso independiente** resueltas usando SLS. La Figura 49 muestra que en un árbol de estrategia complejo, en ciertas fases, existen diferentes combinaciones de opciones. Estas opciones pueden ser **mutualmente exclusivas** o **no mutualmente exclusivas**. En todos estos tipos de opciones podría haber capitales subyacentes múltiples (e.g., Japón tiene un perfil distinto de riesgo-ganancia o rentabilidad-volatilidad que el reino Unido o Australia). Usted puede construir enrejados de capital subyacente múltiple de este modo usando el MSLS, y combinarlos de varias maneras dependiendo de las opciones. Los siguientes son ejemplos opciones de curso dependiente versus curso independiente y mutualmente exclusivas versus no mutualmente exclusivas.

- **Opciones de Curso Independiente y Mutualmente Exclusivas**: Utilice el SLS para solucionar estos tipos de opciones al combinar todas las opciones dentro de un solo enrejado de valuación. Los ejemplos incluyen la opción de expandir, contratar, y expandir. Estas son mutualmente exclusivas si no puede expandir ambas dentro de un país diferente mientras que al mismo tiempo abandonar y vender la compañía. Estas son de curso independiente si no hay restricciones de tiempo, esto es, usted puede expandir, contratar, y abandonar en cualquier tiempo dentro de los límites del periodo de madurez.

- **Opciones de Curso Independiente y No Mutualmente Exclusivas**: Utilice el SLS para solucionar este tipo de opciones al correr cada una de las opciones que son no mutualmente exclusivas una a la vez en el SLS. Los ejemplos incluyen la opción de expandir su negocio hacia Japón, Reino Unido, y Australia. Estas no son mutualmente exclusivas si usted escoge expandir a cualquiera de las combinaciones de países. (e.g., solo Japón, Japón y Reino Unido, Reino Unido y Australia, y así). Estas son de curso independiente si no hay restricciones de tiempo, esto es, usted puede expandir a cualquier país en cualquier momento dentro de la madurez de la opción. Añada los valores de la opción individual y obtenga el valor de la opción total por expansión.

- **Opciones de Curso Dependiente y Mutualmente Exclusivas**: Utilice el MSLS para solucionar estos tipos de opciones al combinar todas las opciones dentro de un enrejado de valuación. Los ejemplos incluyen la opción de expandir dentro de tres países, Japón, Reino Unido, y Australia. Sin embargo, esta vez, las expansiones son mutualmente exclusivas y de curso dependiente. Esto es, usted solamente puede expandir dentro de un solo país a la vez, pero en ciertos periodos, usted solamente puede expandir dentro de ciertos países (e.g., Japón es solo óptimo en tres años debido a las condiciones económicas actuales, restricciones de exportación, y así por lo consiguiente, en comparación a la expansión del Reino Unido, la cual se puede ejecutar ahora mismo).

- **Opciones de Curso Dependiente y No Mutualmente Exclusivas**: Utilice el MSLS para solucionarlas. Estas son Opciones Compuestas Secuenciales típicamente simples con fases múltiples. Si más de una opción no mutualmente exclusiva existe, vuelva a correr el MSLS para cada opción. Los ejemplos incluyen la habilidad de ingresar Japón a partir de los Años 0-3, Australia en los Años 3-6, y el Reino Unido en cualquier momento entre los Años 0-10. Cada estrategia de ingreso es no mutualmente exclusiva si usted puede ingresar más de un país, y son de curso dependiente ya que dependen del tiempo.

- **Opciones Combinatorias de Inversión**: Estas son las más complicadas y pueden llevar una combinación de cualquiera de los cuatro tipos arriba. Además, las opciones están invertidas entre si ya que la expansión hacia Japón debe de ser solo después de Australia, y no se puede ejecutar sin primero dirigirse a Australia. Además, Australia y el Reino Unido están correctos pero usted no puede expandir hacia el Reino Unido y Japón (e.g., ciertas restricciones de comercio, políticas de legitimidad, consideraciones sobre competitividad, asuntos estratégicos, acuerdos restrictivos con alianzas, y así por lo consiguiente). Para tales opciones, ponga todos los posibles contextos y escenarios en un árbol de estrategia y utilice los apartados IF, AND, OR, y MAX en el MSLS para resolver la opción. Esto es, si ingresa en el Reino Unido, está correcto, pero *si* ingresa en Australia, usted aún puede ingresar en Japón, *o* el Reino Unido pero *no* en Japón y el Reino Unido.

La Opción Compuesta Simultánea evalúa el valor estratégico de un proyecto cuando el valor del proyecto depende del éxito de *dos o más* iniciativas de inversión ejecutadas *simultáneamente*. La Opción Compuesta Secuencial evalúa estas inversiones en etapas, una después de la otra, mientras la opción simultánea evalúa estas opciones en concurrencia. Claramente, el compuesto secuencial vale más que la opción compuesta simultánea en virtud de poner las inversiones en etapas. Note que la opción compuesta simultánea actúa como una opción de compra de ejecución regular. De ahí que la *Opción de Compra Americana* es un punto de referencia para tal opción. La Figura 50 muestra como una Opción Compuesta Simultánea se puede solucionar usando MSLS (archivo de ejemplo utilizado: *Opción Compuesta Simultánea Simple de Dos Fases*). Similar al análisis de opción compuesta secuencial, la existencia de un valor de opción implica que la habilidad de aplazar y esperar por información adicional antes de ejecutar es valuable debido a las incertidumbres y riesgos significativos como los mide la *Volatilidad*. Sin embargo, cuando el costo de esperar es medido por la *Tasa de Dividendo* es alto, la opción de esperar y aplazar se vuelve de menor valor, hasta el punto de partida uniforme donde el valor de la opción es igual a cero y el valor del proyecto estratégico es igual al VPN del proyecto. Este punto de partida uniforme provee varios puntos de vista para quien toma la decisión dentro de las interacciones entre los niveles de incertidumbre inherente al proyecto y el costo de esperar para ejecutar. El mismo análisis se puede extender a las Opciones Compuestas Simultáneas de Inversión Múltiple como se observa en la Figura 51 (el archivo utilizado es: *Opción Compuesta Simultánea Multifaseada*).

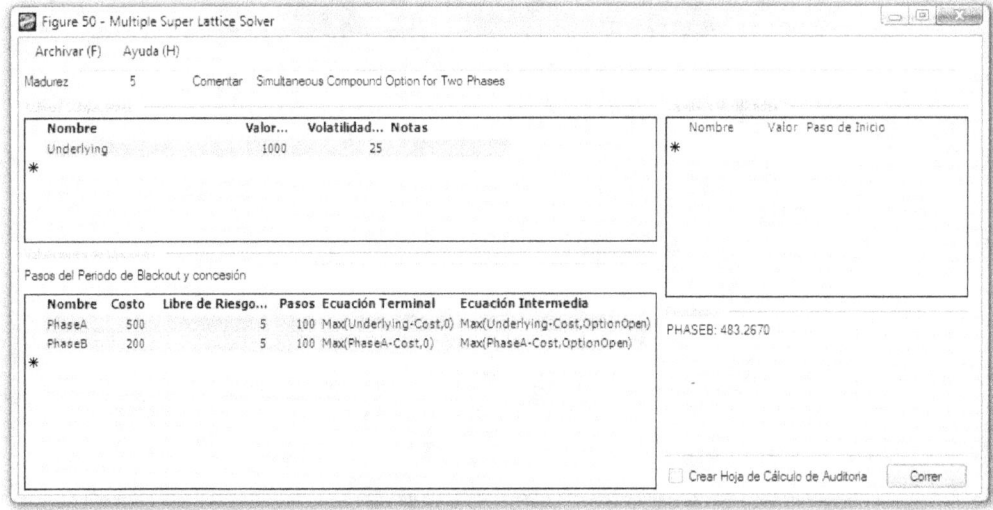

Figura 50 – Solucionando una Opción Compuesta Simultánea usando MSLS

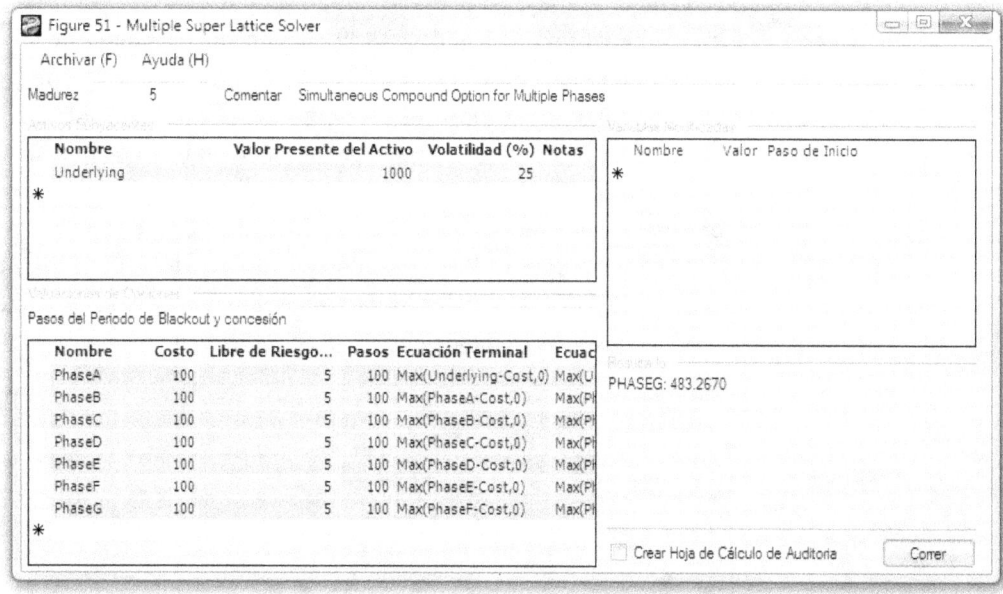

Figura 51 – Solucionando una Opción Compuesta Simultánea de Inversión Múltiple
usando MSLS

2.13 Opciones Americana y Europea
Usando Enrejados Trinómicos

Construir y resolver enrejados trinómicos es similar a construir y resolver enrejados binómicos, con saltos arriba/abajo y probabilidades de riesgo neutrales, pero es más complicado debido a que hay más ramas proviniendo de cada nodo. Al límite, ambos, los enrejados binómicos y trinómicos traen el mismo resultado, como se observa en la tabla siguiente. Sin embargo, la complejidad de construir enrejados es más alta para enrejados trinómicos y multinómicos. La única razón para usar un enrejado trinómico se debe a que el nivel de convergencia al valor correcto de la opción se logra más rápidamente que al usar un enrejado binómico. En la tabla de ejemplo, note como un enrejado trinómico da como resultado el valor correcto de la opción con menos pasos de los que se llevan para un enrejado binómico (1,000 comparado a 5,000). Ya que ambos dan idénticos resultados en el límite, solo que los trinómicos son mucho más difíciles de calcular y llevan más tiempo en computar, a su vez, usualmente se usa el enrejado binómico. Sin embargo, se requiere un trinómico solamente cuando el capital subyacente sigue un **proceso de reversión de media**. Una ilustración de la convergencia de los trinómicos y binómicos se puede observar en el siguiente ejemplo:

Pasos	5	10	100	1,000	5,000
Enrejado Binómico	$30.73	$29.22	$29.72	$29.77	$29.78
Enrejado Trinómico	$29.22	$29.50	$29.75	$29.78	$29.78

La Figura 52 muestra otro ejemplo usando la Opción Multinómica. La Compra Americana computada es de $31.99 usando un trinómico de 5 pasos, y es idéntico al enrejado binómico de 10 pasos visto en la Figura 53. Por lo tanto, debido a un cómputo más simple y a la velocidad del cómputo, el SLS y el MNLS usan enrejados binómicos en vez de trinómicos u otros enrejados multinómicos. La única vez en la que un enrejado trinómico es realmente útil es cuando el capital subyacente de la opción sigue una tendencia de reversión de media. En este caso, use el modulo de MNLS en su lugar. Al usar este módulo MNLS, igualmente que en los enrejados de capital único, usted puede modificar y añadir sus propias ecuaciones y variables a la medida, y los conceptos son idénticos a los ejemplos del SLS a través de este manual.

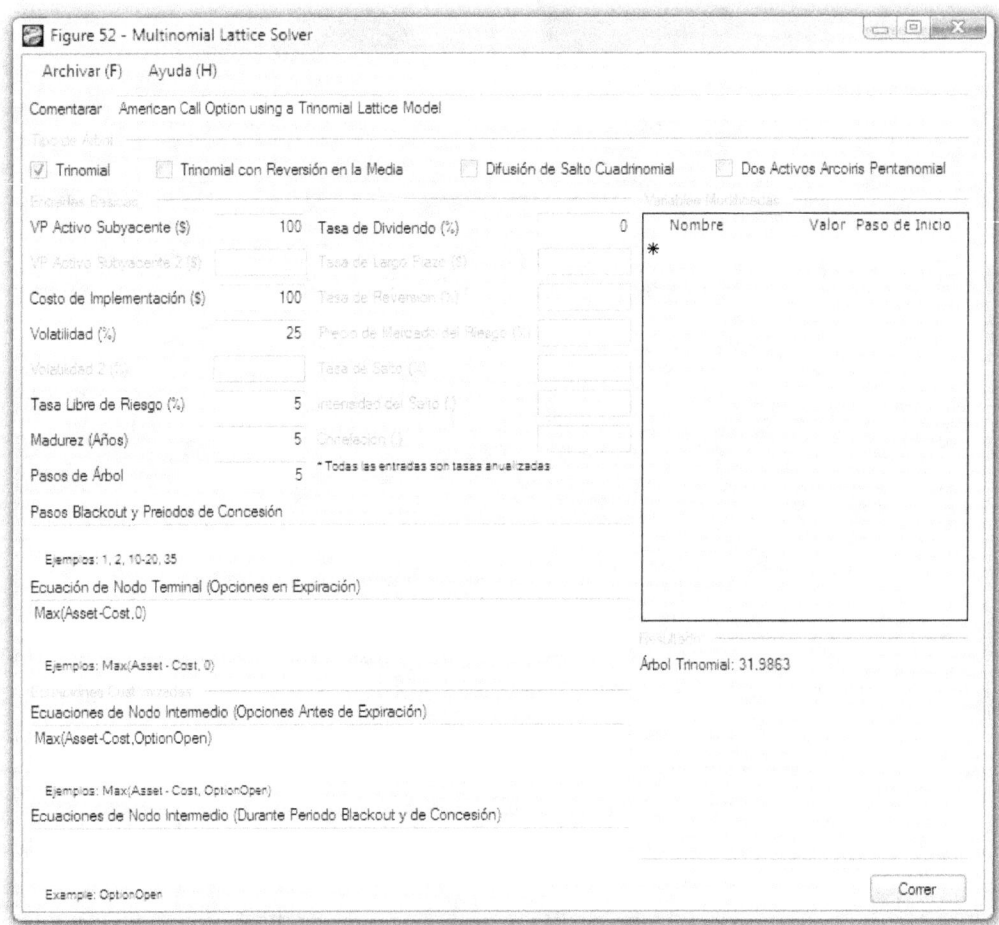

Figura 52 – Solución de Enrejado Trinómico Simple

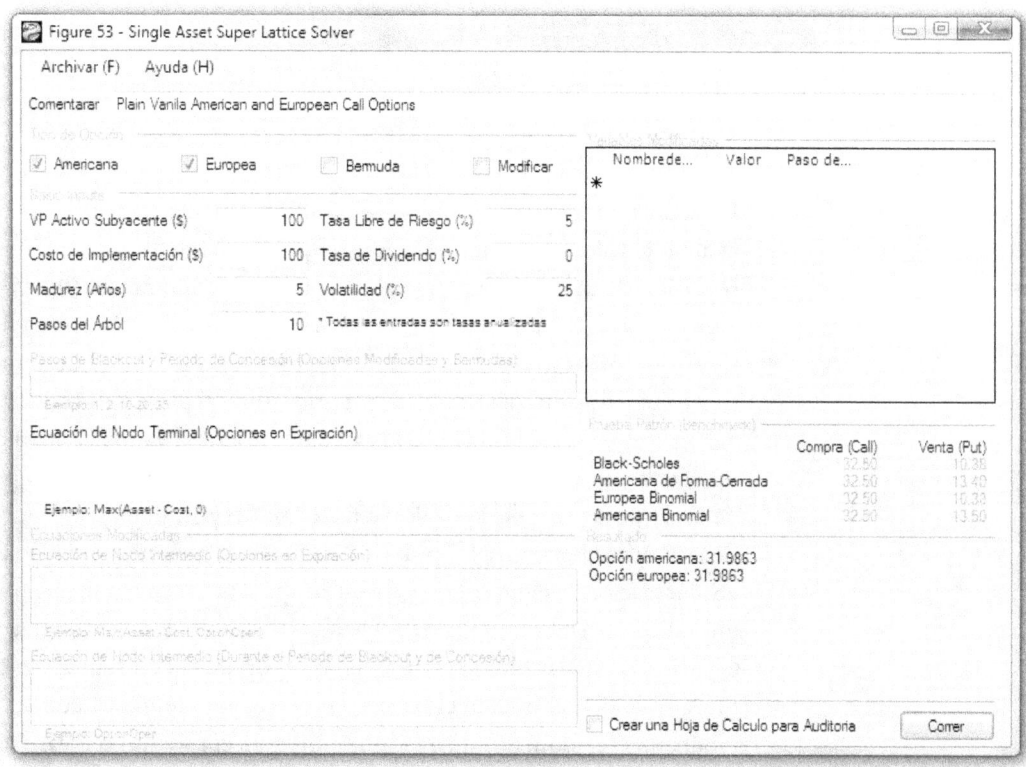

Figura 53 – Comparación de Resultado de Enrejado Binómico de 10 Pasos

2.14 Opciones Americana y Europea de Reversión de Media Usando Enrejados Trinómicos

La *Opción de Reversión de Media* en MNLS calcula las opciones americana y europea cuando el valor del capital subyacente es revertiente de media. Un proceso estocástico de reversión de media revierte al valor de media a largo plazo. (*Nivel de Índice de Largo Plazo*) a una velocidad particular de reversión (*Índice de Reversión*). Los ejemplos de variables que siguen un proceso de reversión de media incluyen índices de inflación tasas de interés, tasa de crecimiento del producto interno bruto, índices de producción óptima, precio del gas natural, y así por lo consiguiente. Ciertas variables como estas sucumben a tendencias naturales o condiciones económicas y/o de negocios para revertir a un nivel de largo plazo cuando los valores reales se desvían demasiado por encima o por debajo de este nivel. Por ejemplo, políticas monetarias o fiscales evitarán que la economía entre en fluctuaciones significativas, mientras que los objetivos de las políticas tienden a tener un índice o nivel de objetivo específico a largo plazo. La Figura 54 ilustra un proceso estocástico regular (línea roja punteada) al opuesto de un proceso de reversión de media (línea sólida). Claramente el proceso de reversión de media con sus efectos de reducción tendrá un efecto menor de incertidumbre que el proceso regular con la misma medida de volatilidad.

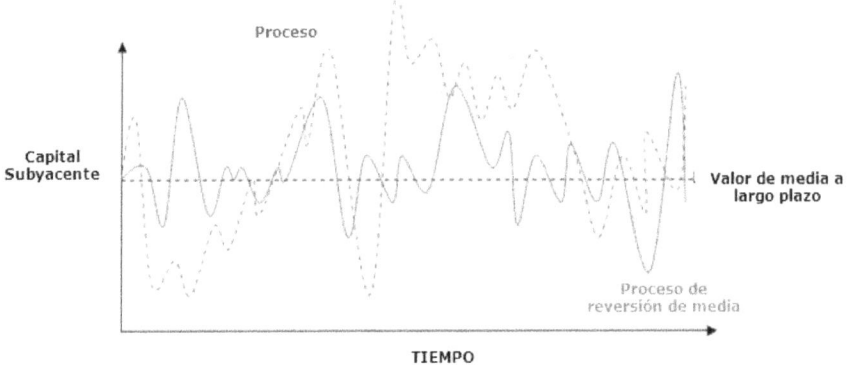

Figura 54 – Reversión de Media en Acción

La Figura 55 muestra los resultados de compra y venta de una opción regular modelada usando el Enrejado Trinómico versus compras y ventas teniendo una tendencia de media revertiente (MR) del capital subyacente usando el Enrejado Trinómico de Media Revertiente. Varios puntos son dignos de atención:

- La compra RM < Compra regular debido al efecto de reducción del capital de reversión de media. El valor no se incrementará tanto como el valor del capital regular.

- Por el contrario, la venta RM > Venta regular debido a que el valor del capital no subirá tanto, indicando que habrá una oportunidad más viable de que el capital fluctúe alrededor del Capital VP, haciendo más valuable a la opción de venta.

- Con el efecto de reducción, la Compra RM y Venta RM ($18.62 y $18.76) son más simétricos en valor que con una compra y venta regular ($31.99 y $13.14).

- La Compra regular americana = Compra europea regular debido a que sin dividendos, nunca es óptimo ejecutar tempranamente. Sin embargo, debido a las tendencias de media revertiente, el poder ejecutar tempranamente es valioso, especialmente antes de que el valor del capital se reduzca. Así, vemos que la Compra americana RM > compra europea RM pero por supuesto que ambas son menores a una Compra regular.

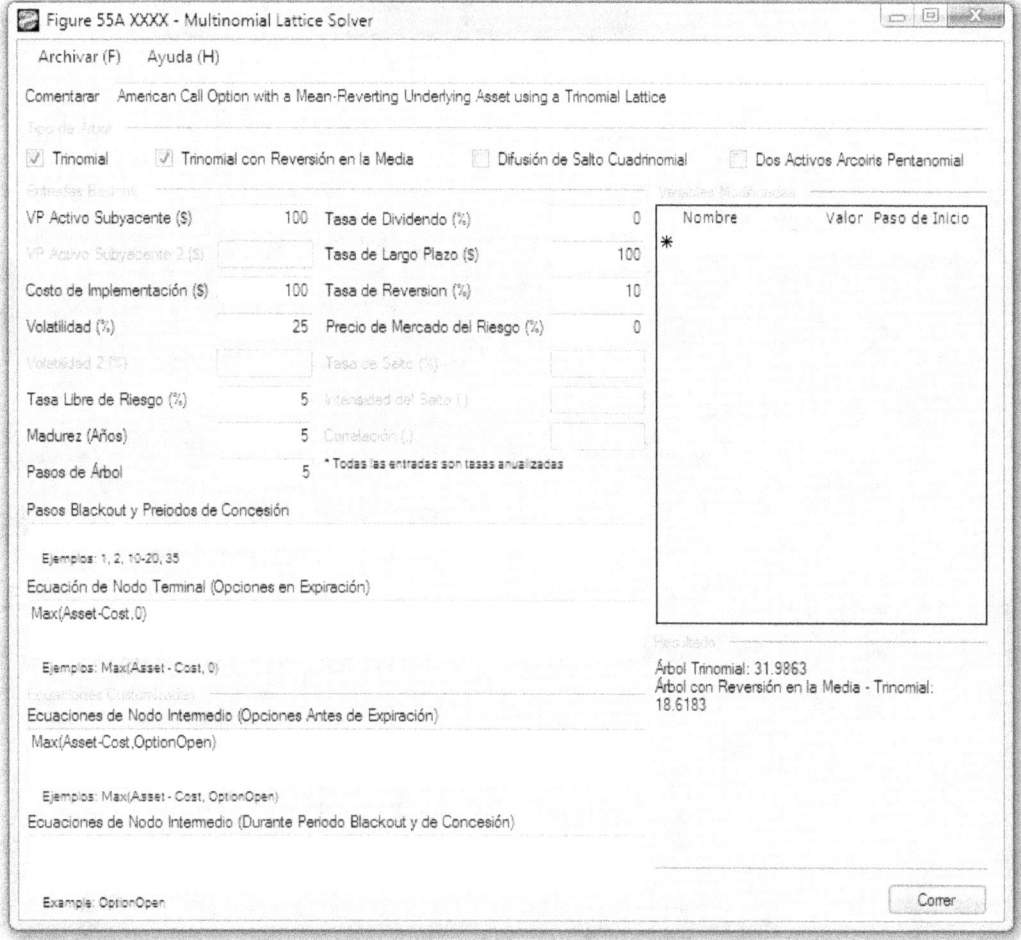

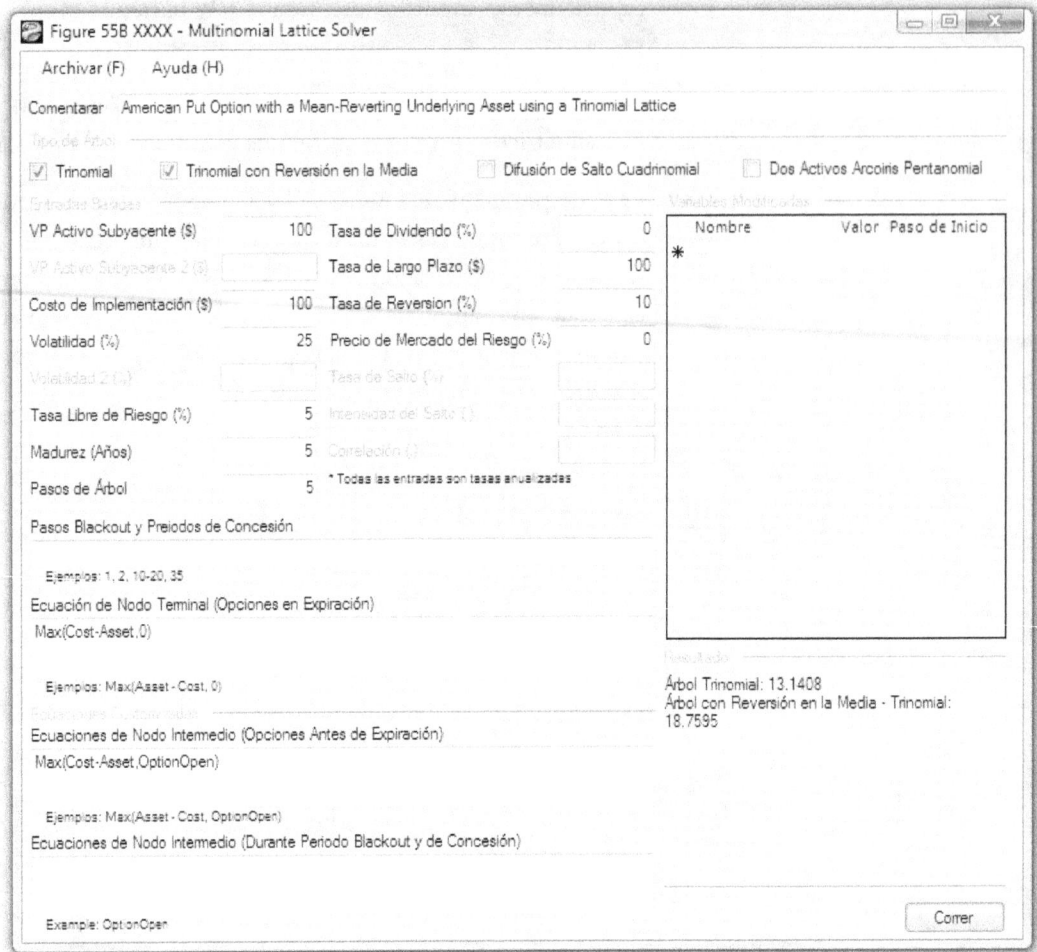

Figuras 55A y 55B – Comparando Compras de Reversión de Media con Compras y Ventas Regulares

Otros puntos de interés en las opciones de reversión de media incluyen:

- Entre más alto (más bajo) el nivel de tasa a largo plazo, (más bajo) las opciones de compra más altas (más bajo).

- Entre más alto (más bajo) el nivel de tasa a largo plazo, las opciones de venta más altas (más alto).

Finalmente, tenga cuidado al modelar las opciones de media revertiente ya que usualmente se requieren más pasos de enrejado y ciertas combinaciones de índices de reversión, nivel de tasa a largo plazo, y pasos de enrejado podrían traer como resultado enrejados trinómicos sin solución. Cuando esto sucede, el MNLS enviará mensajes de error.

El enfoque de *Enrejado Cuadranómico* aplica para ambas *Compras y Ventas de Salto de Difusión* para las opciones americana y europea. Este modelo es apropiado cuando la variable subyacente en la opción sigue un proceso estocástico de salto de difusión. La Figura 56 ilustra un capital subyacente modelado usando un proceso de salto de difusión. Los saltos son un lugar común en ciertas variables de negocios tales como el precio del petróleo y el precio del gas cuando los precios toman saltos inesperados y repentinos (e.g., durante la guerra). La frecuencia de la variable subyacente de salto se denota como el *Índice de Salto*, y la magnitud de cada salto es la *Intensidad de Salto*.

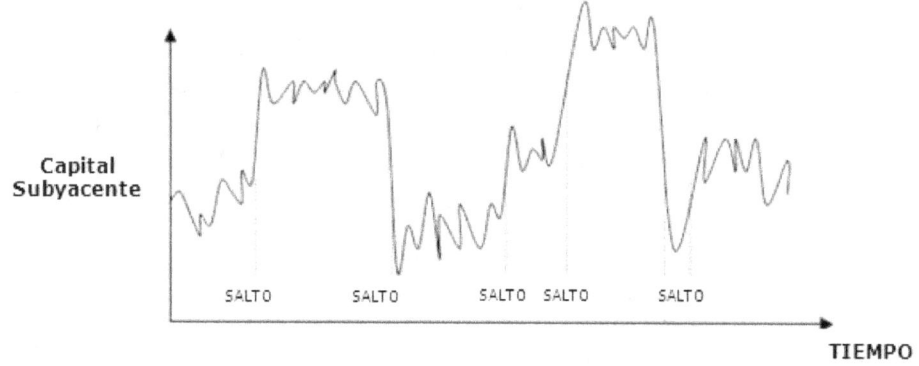

Figura 56 – Proceso de Salto de Difusión

El enrejado binómico es solo capaz de capturar un proceso estocástico sin saltos (e.g., Movimiento Browniano y procesos de Paseos Aleatorios) pero cuando hay una probabilidad de salto (a pesar de una pequeña probabilidad que sigue una distribución Poisson), se requieren ramificaciones adicionales. El enrejado cuadranómico (cuatro ramificaciones en cada nodo) se usa para capturar estos saltos como se muestra en la Figura 57.

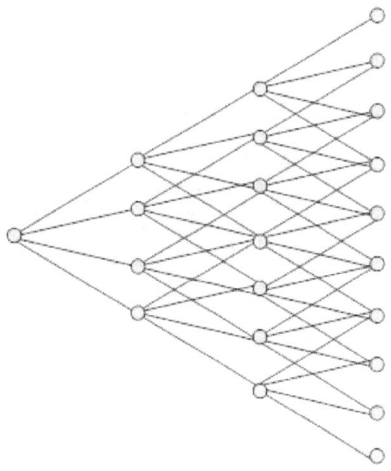

Figura 57 – Enrejado Cuadranómico

Tome nota que debido a la complejidad de los modelos, algunos cálculos con pasos más altos de enrejado podrían tomar un poco más de tiempo en computar. Además, ciertas combinaciones de entrada podrían tener como resultado probabilidades negativas de riesgo neutral implicadas y resultar en un enrejado no computable. En este caso, asegúrese que las entradas son correctas (e.g., *Intensidad de Salto* tiene que exceder 1, donde 1 implica sin saltos; revise combinaciones erróneas de *Índice de Salto*, *Tamaños de Salto*, y *Pasos de Enrejado*). La probabilidad de un salto se puede computar como el producto del *Índice de Salto* y el tiempo-paso *δt*. La Figura 58 ilustra una muestra del análisis de Opción de Salto de Difusión Cuadranómico (el archivo de ejemplo utilizado: *MNLS – Compras y Ventas de Salto de Difusión usando Enrejados Cuadranómicos*). Note que las opciones de compra y venta de Salto de Difusión valen más que las compras y ventas regulares. Esto se debe a que con los saltos positivos (10% de probabilidad por año con una medida de salto promedio de 1.50 veces los valores previos) del valor subyacente, las opciones de compra y venta valen más, aún con la misma volatilidad. Si un problema de real options tiene más de 2 capitales subyacentes, ya sea que use el MSLS y/o el Simulador de Riesgo para simular las trayectorias de los capitales subyacentes y capturar sus efectos interactuantes en un modelo DCF.

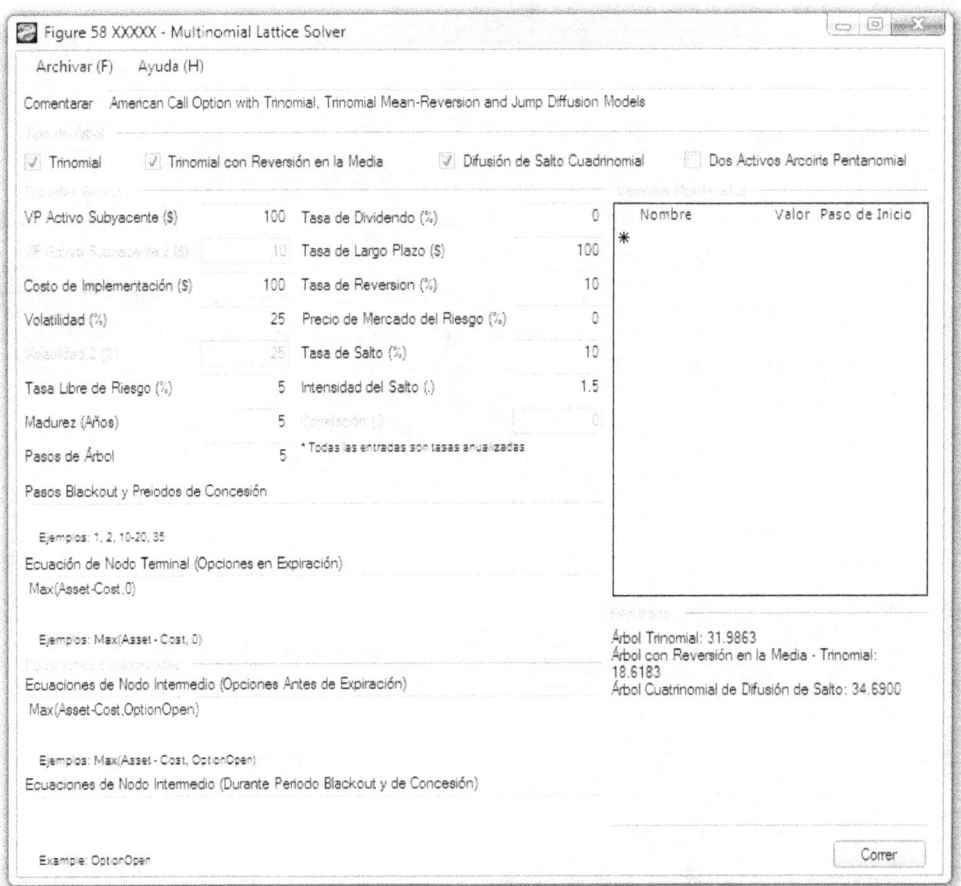

Figura 58 – Resultados de Enrejado Cuadranómicos en Opciones de Salto de Difusión

La *Opción de Arco Iris de Variable Dual* para ambas opciones, americana y europea, requiere el enfoque de *Enrejado Pentanómico*. Los arco iris en el horizonte después de días lluviosos comprenden varios colores de espectro de luz, y aunque las opciones de arco iris no son tan coloridas como sus contrapartes físicas, obtienen su nombre del hecho que tiene dos o más capitales subyacentes en vez de uno. En contraste a las opciones estándares, el valor de la opción de arco iris se determina por el comportamiento de dos o más elementos subyacentes y por la correlación entre estos elementos subyacentes. Este modelo particular es apropiado cuando hay dos variables subyacentes en la opción (e.g., *Precio del Capital* y *Cantidad*) cuando cada uno fluctúa a diferentes índices de volatilidades pero al mismo tiempo podrían estar correlacionadas (Figura 59). Estas dos variables usualmente están correlacionadas en el mundo real, y el valor del capital subyacente es el producto del precio y cantidad. Debido a las diferentes volatilidades se usa un enrejado pentanómico o de cinco ramificaciones para capturar todas las posibles combinaciones de productos ((Figura 60). Esté atento a ciertas combinaciones de entradas que podrían traer como resultado un enrejado sin solución con probabilidades negativas implicadas. Si eso ocurre, aparecerá un mensaje. Intente una combinación diferente de entradas así como pasos de enrejado más altos para compensar.

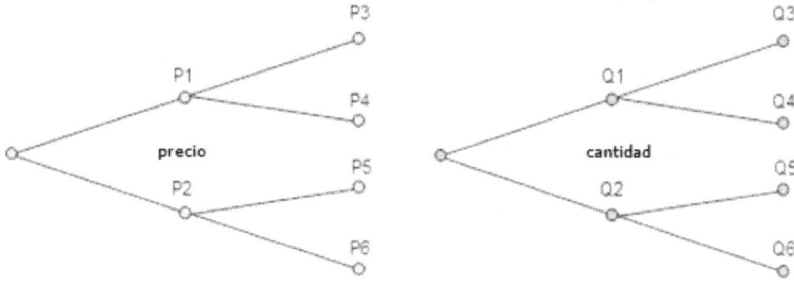

Figura 59 – Enrejados de Dos Binómicos (Precios de Capital y Cantidad)

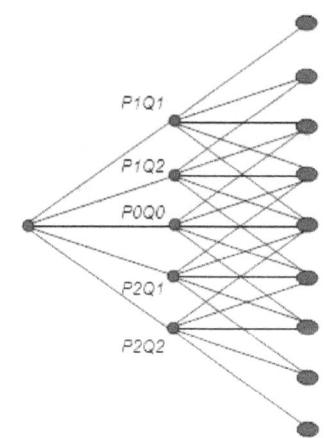

Figura 60 – Enrejado Pentnómico (Combinando Enrejado de Dos Binómicos)

La Figura 61 muestra un ejemplo de Opción de Arco Iris de Capital Dual (archivo de ejemplo utilizado: *MNLS – Enrejado Pentanómico de Opción de Arco Iris de Capital Dual*). Note que una correlación altamente positiva incrementará los valores de la opción de compra y de la opción de venta. Esto es porque si ambos elementos subyacentes se mueven en la misma dirección, hay una volatilidad más alta de cartera global (el precio y la cantidad pueden fluctuar a niveles alto-alto y bajo-bajo, generando un valor del capital subyacente global más alto). En contraste, las correlaciones negativas reducirán los valores de la opción de compra y de la opción de venta por la razón opuesta debido a los efectos de diversificación de la cartera de las variables correlacionadas negativamente. Por supuesto que la correlación aquí está delimitada entre -1 y +1 inclusive.

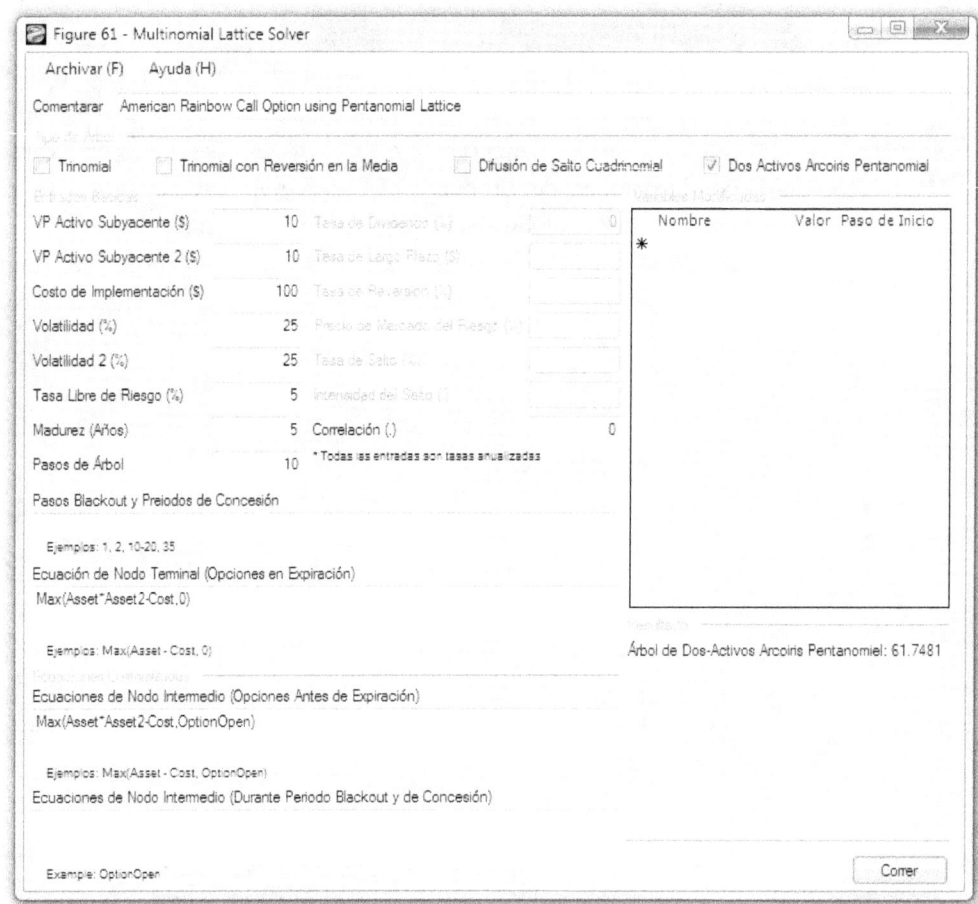

Figura 61 – Enrejado Pentanómico Solucionando una Opción de Arco Iris de Capital Dual

2.17 Opciones Americana y Europea de Barrera Baja

La *Opción de Barrera Baja* mide el valor estratégico de una opción (esto aplica para compras y ventas) que resulta, ya sea, en la entrada o salida del dinero cuando el *Valor del Capital* alcanza una *Barrera Baja* artificial que es actualmente más baja que el valor del capital. De ahí que una opción *Baja-y-Entrada* (Down-and-In) (para ambas, compras y ventas) indica que la opción se activa si el valor del capital llega a la barrera más baja. Por el contrario, una opción Baja-y-Salida (Down-and-Out) se activa solo cuando la barrera baja no es quebrantada.

Los ejemplos de esta opción incluyen acuerdos contractuales por lo que si la barrera baja es quebrantada algún evento o cláusula se dispara. El valor de una opción de barrera es menor que las opciones estándar, ya que la opción de barrera tendrá valor solo dentro de un rango de precio más pequeño que la opción estándar. El poseedor de una opción de barrera pierde algo del valor de la opción tradicional y de ahí que tales opciones deban valer menos que una opción estándar. Un ejemplo podría ser un acuerdo contractual del cual el suscritor del contrato puede acatar o no ciertas obligaciones si el capital o el valor del proyecto quebrantan una barrera.

La Figura 62 muestra una Opción de Barrera Baja para una Compra de Baja-y-Entrada. Note que el valor es solo de $7.3917, mucho más bajo que una opción de Compra Americana regular de $42.47. Esto es porque la barrera se establece baja, en $90. Esto significa que todo el potencial positivo que la opción de compra regular pueda tener se reducirá significativamente, y la opción solo se puede ejercer si el valor del capital cae por debajo de esta barrera baja de $90 (el archivo de ejemplo utilizado: *Opción de Barrera – Compra de Barrera Baja de Baja y Entrada (Down and In)*) Para realizar tal opción de Barrera Baja *obligatoria*, el *nivel de de barrera baja debe de estar por debajo del valor del capital inicial pero por encima de del costo de implementación*. Si el nivel de la barrera está por encima del valor del capital inicial, entonces se convierte en una opción de barrera alta. Si la barrera baja está por debajo del costo de implementación, entonces la opción no tendrá valor bajo ninguna condición. Esto es cuando el nivel de barrera baja está entre el costo de implementación y el valor del capital inicial que la opción tiene un valor potencial. Sin embargo, el valor de la opción depende de la volatilidad. Usando los mismos parámetros en la Figura 62 y cambiando la volatilidad y las tasas libres de riesgo, los ejemplos siguientes ilustran lo que sucede:

A una volatilidad del 75%, el valor de la opción es de $4.34

- A una volatilidad del 25%, el valor de la opción es de $3.14

- A una volatilidad del 5%, el valor de la opción es de $0.01

Entre menor sea la volatilidad, menor será la probabilidad de que el valor del capital fluctúe lo suficiente para quebrantar la barrera baja de tal manera que la opción sea ejecutada. Al equilibrar la volatilidad con el inicio de la barrera baja, usted puede crear valores detonantes óptimos para barreras.

En contraste, La Opción de Barrera Baja para la opción de Compra de Baja-y-Salida (Down-and-Out) se muestra en la Figura 63. Aquí, si el valor del capital quebranta esta barrera baja, la opción no tiene valor, pero solo lo tendrá cuando no quebrante esta barrera baja. Ya que las opciones de compra tienen valores altos cuando el valor del capital es alto, y menor valor cuando el capital es bajo, esta Opción de Compra de Baja-y-Salida de Barrera Baja entonces vale casi lo mismo que la opción Americana regular. Entre más alta la barrera, más bajo será el valor de la opción de barrera baja (archivo de ejemplo: *Opción de Barrera – Compra de Barrera Baja de Salida y Baja*). Por ejemplo:

- A una barrera baja de $90, el valor de la opción es de $42.19

- A una barrera baja de $100, el valor de la opción es de $41.58

Las Figuras 62 y 63 ilustran Opciones de Barrera Americana. Para cambiar estás a Opciones de de Barrera Europea establezca los Nodos de Ecuación Intermedia a *OptionOpen*. Además, para ciertos tipos de opciones contractuales, se pueden imponer periodos de revestimiento y blackout. Para resolver tales Opciones de barrera de Bermuda, mantenga la misma Ecuación Intermedia que en las Opciones de Barrera Americana pero establezca la Ecuación Intermedia durante los Periodos de Revestimiento y Blackout para *OptionOpen* e inserte los respectivos pasos de enrejado de periodos de revestimiento y blackout. Finalmente, si la Barrera es un objetivo que cambia a través del tiempo, introduzca varias variables a la medida nombradas *Barrera* con diferentes valores y pasos iniciales de enrejado.

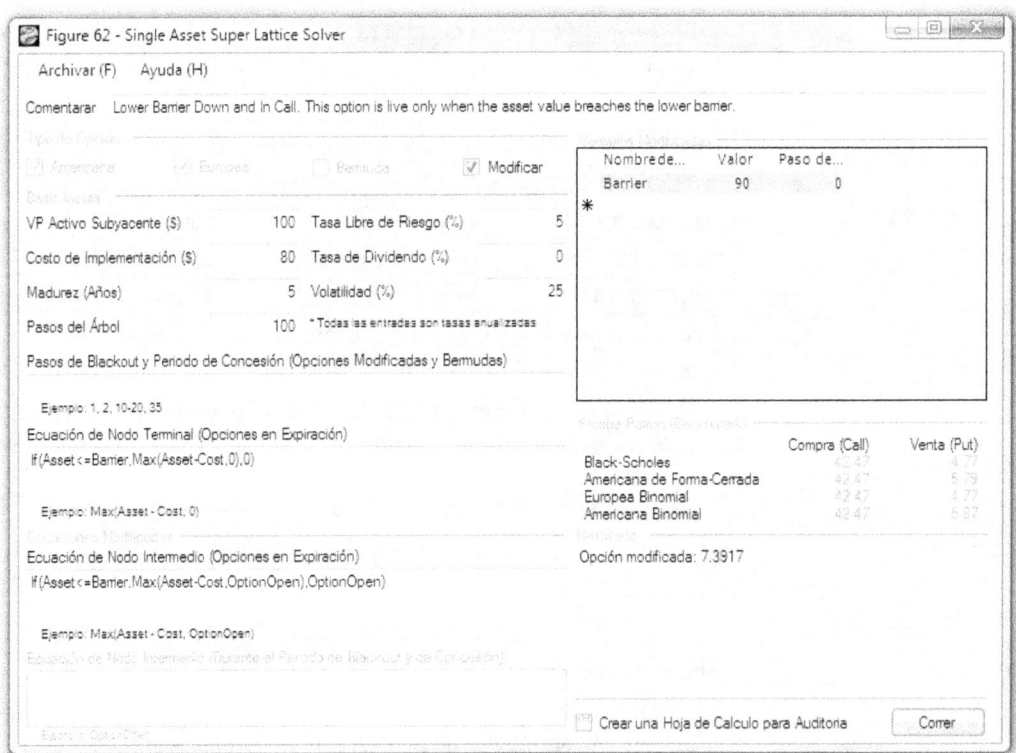

Figura 62 –Opción de Barrera Baja Americana de Baja y Entrada (Down and In)

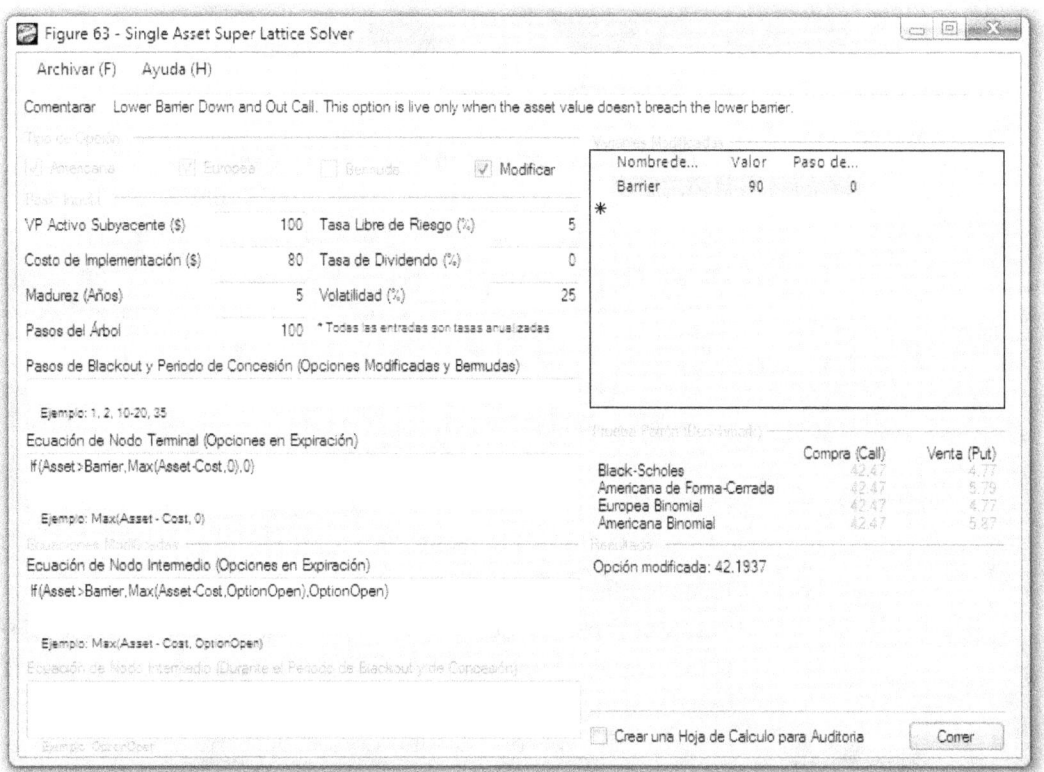

Figura 63 – Opción de Barrera Baja Americana de Baja y Salida (Down and Out)

2.18 Opciones Americana y

2.18 Opciones Americana y Europea de Barrera Alta

La *Opción de Barrera Alta* mide el valor estratégico de una opción (esto aplica para ambas, compras y ventas) que resulta, ya sea, en la entrada o salida del dinero cuando el valor del capital alcanza una *Barrera Alta* artificial que es comúnmente más alta que el valor del capital. Por lo tanto, una opción *Arriba-y-Entrada* (Up-and-In) (para ambas, compras y ventas) indica que la opción se activa si el valor del capital alcanza la barrera alta. Por el contrario, para la opción *Arriba-y-Salida* (Up-and-Out), la opción se activa solo cuando la barrera alta no es quebrantada. Esto es muy similar a la Opción de Barrera Baja solo que ahora la barrera está por encima del valor del capital inicial, y para una opción de barrera obligatoria, el costo de implementación es típicamente más bajo que la barrera alta. Esto es, la *barrera es usualmente > costo de implementación y la barrera alta es también > al valor del capital inicial.*

Los ejemplos de esta opción incluyen acuerdos contractuales por los cuales si la barrera alta es quebrantada, algún evento o cláusula se dispara. Los valores de las opciones de barrera son comúnmente más bajos que las opciones estándar, ya que la opción de barrera tendrá valor dentro de un rango de precio más pequeño que de la opción estándar. El poseedor de una opción de barrera pierde algo del valor de la opción tradicional y de ahí que una opción de barrera debería venderse a un precio más bajo que una opción estándar. Un ejemplo sería un acuerdo contractual por el cual el suscritor del contrato puede acatar o no ciertas obligaciones si el valor del capital o proyecto quebranta una barrera.

La Opción Americana de Barrera Alta de Alta-y-Entrada tiene valor ligeramente más bajo que el de una opción de compra americana como se muestra en a Figura 64. Esto es debido a que algo del valor de la opción, cuando el capital es menor a la barrera pero mayor que el costo de implementación, se pierde. Claramente, entre más alta la barrera alta, menor el valor de la opción de barrera alta-y-entrada será ya que más del valor de la opción se pierde debido a la inhabilidad de ejecutar cuando el valor del capital está por debajo de la barrera (archivo de ejemplo utilizado: (*Opción de Barrera – Compra de Barrera Alta Alta-y-Entrada (Up and In)*). Por ejemplo:

- Cuando la barrera alta es de $110, el valor de la opción es de $41.22

- Cuando la barrera alta es de $120, el valor de la opción es de $39.89

En contraste, la Opción de Barrera Americana Alta Alta-y-Salida vale mucho menos debido a que esta barrera trunca el potencial positivo de la opción. La Figura 65 muestra el cómputo de tal opción. Claramente, *entre más alta la barrera alta, más alto será el valor de la opción* (archivo de ejemplo utilizado: *Opción de Barrera – Compra de Barrera Alta Alta-y-Salida (Up and Out)*).

- Cuando la barrera alta es de $110, el valor de la opción es de $23.69

- Cuando la barrera alta es de $120, el valor de la opción es de $29.59

Finalmente, note los resultados de las opciones de barrera no obligatorias. Ejemplos de **opciones no obligatorias** son:

- Compras de Barrera Alta Alta-y-Salida (Up-and-Out) cuando la Barrera Alta $\leq$ Costo de Implementación, entonces la opción valdrá menos

- Compras de Barrera Alta Alta-y-Entrada(Up-and-In) cuando la Barrera Alta $\leq$ Costo de Implementación, entonces el valor de la opción se revierte a una opción simple de compra

Los ejemplos de Opciones de Barrera Alta son opciones contractuales. Ejemplos típicos son:

- Un fabricante accede contractualmente a no vender sus productos a precios más altos que a un nivel de precio de barrera alta preespecificado.

- Un cliente esta de acuerdo en pagar el precio del mercado de un producto hasta un cierto monto y entonces el contrato se vuelve nulo si excede algún precio tope.

Las Figuras 64 y 65 ilustran Opciones Americanas de Barrera. Para cambiar estas a Opciones Europeas de Barrera establezca los Nodos de Ecuación Intermedia a *OptionOpen*. Además, para ciertos tipos de opciones contractuales, se pueden imponer periodos de revestimiento y blackout. Para solucionar tales Opciones de Bermuda de Barrera, mantenga la misma Ecuación Intermedia que en las Opciones Americanas de Barrera pero establezca la Ecuación Intermedia durante los Periodos de Revestimiento y Blackout en *OptionOpen* e inserte los pasos de enrejado de periodos de revestimiento y blackout correspondientes. Finalmente, si la Barrera es un objetivo cambiante con el tiempo, introduzca varias variables a la medida nombradas *Barrera* con diferentes valores y pasos de enrejado iniciales.

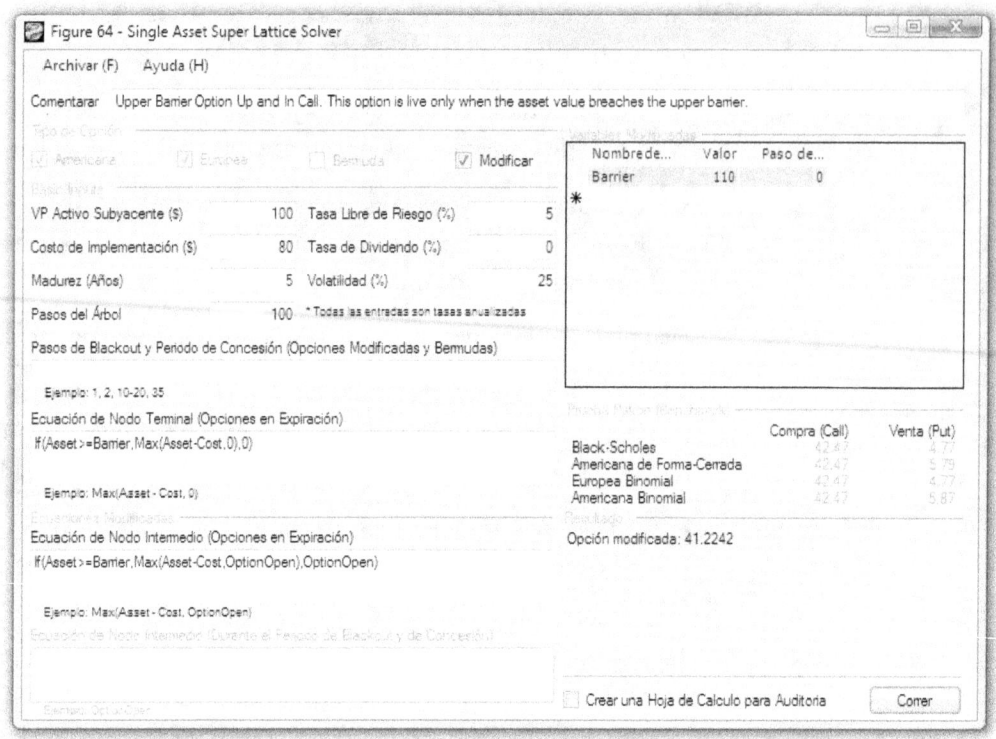

Figura 64 – Opción Americana de Barrera Superior Alta-y-Entrada (Up and In)

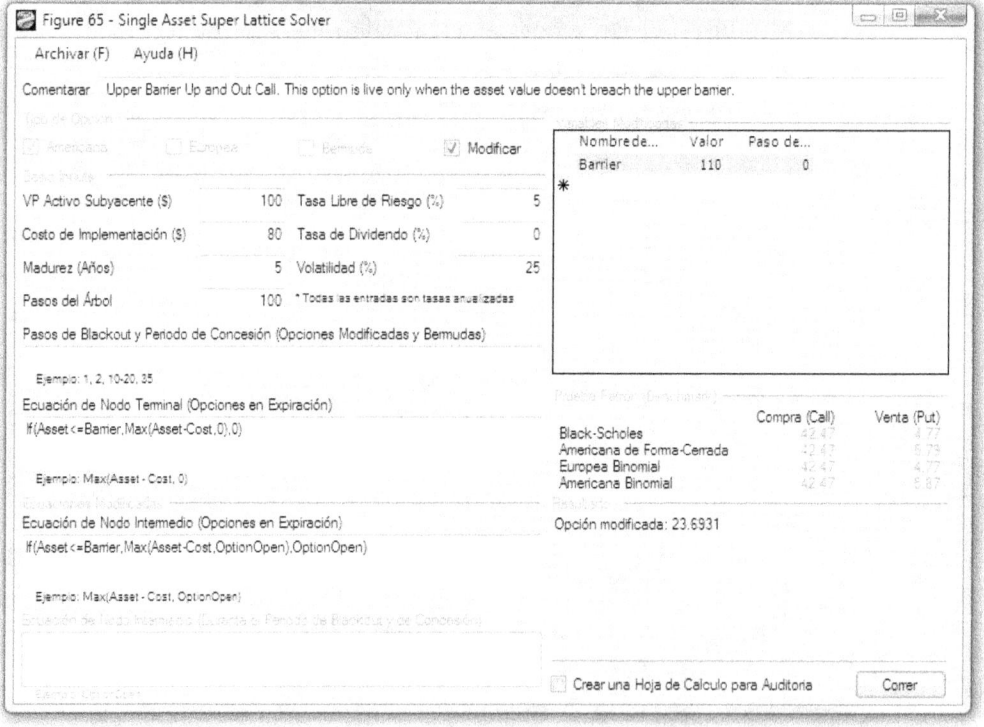

Figura 65 – Opción de Barrera Americana Alta Alta-y-Salida (Up and Out)

2.19 Opciones Americana y Europea de Barrera Doble y Barreras Exóticas

La *Opción de Barrera Doble* se soluciona usando el enrejado binómico. Este modelo mide el valor estratégico de una opción (esto aplica para ambas, compras y ventas) que resulta, ya sea, en la entrada o salida del dinero cuando el *Valor del Capital* alcanza las *Barreras Alta o Baja*. Por lo tanto, una opción *Alta-y-Entrada (Up-and-In)* y *Baja-y-Entrada (Down-and-In)* (para ambas, compras y ventas) indica que la opción se activa si el valor del capital alcanza la barrera alta o baja. Por el contrario, para la opción *Arriba-y-Salida (Up-and-Out)* y *Baja-y-Salida (Down-and-Out)*, la opción solamente se activa cuando ninguna de las barreras baja o alta es quebrantada. Los ejemplos de esta opción incluyen acuerdos contractuales por los cuales si la barrera alta es quebrantada algún evento o cláusula se dispara. El valor de las opciones de barrera es menor a las opciones estándar, ya que la opción de barrera tendrá valor dentro de un rango de precio menor que la opción estándar. El poseedor de una opción de barrera pierde algo del valor de la opción tradicional y de ahí que debería venderla a un precio menor que el de una opción estándar.

La Figura 66 ilustra una Opción de Barrera Doble Americana Alta-y-Entrada y Baja-y-Entrada. Esta es una combinación de las Opciones de Barrera Baja y Baja mostradas previamente. Exactamente la misma lógica aplica a esta Opción de Barrera Doble. .

La Figura 66 ilustra la Opción de Barrera Americana resuelta usando el SLS. Para cambiar estas a una Opción de Barrera Europea establezca los Nodos de Ecuación Intermedia en *OptionOpen*. Además, para ciertos tipos de opciones contractuales, se pueden imponer periodos de revestimiento y blackout. Para resolver tales Opciones de Barrera de Bermuda, mantenga la misma Ecuación Intermedia como en las Opciones de Barrera Americana pero establezca la Ecuación Intermedia durante Periodos de Revestimiento y Blackout en *OptionOpen* e inserte los pasos de enrejado de periodos de revestimiento y blackout correspondientes. Finalmente, si la Barrera es un objetivo cambiante con el tiempo, introduzca varias variables a la medida nombradas *Barrera* con diferentes valores y pasos de enrejado iniciales.

Las Opciones de Barrera Exótica existen cuando otras opciones se combinan con barreras. Por ejemplo, una opción a expandir solo puede ejecutarse si el Capital VP excede algún umbral u opción de de contratación para subcontratar manufactura solo se puede ejecutar cuando cae por debajo de algún punto de partida uniforme. Una vez más, tales opciones pueden fácilmente ser modeladas usando el SLS.

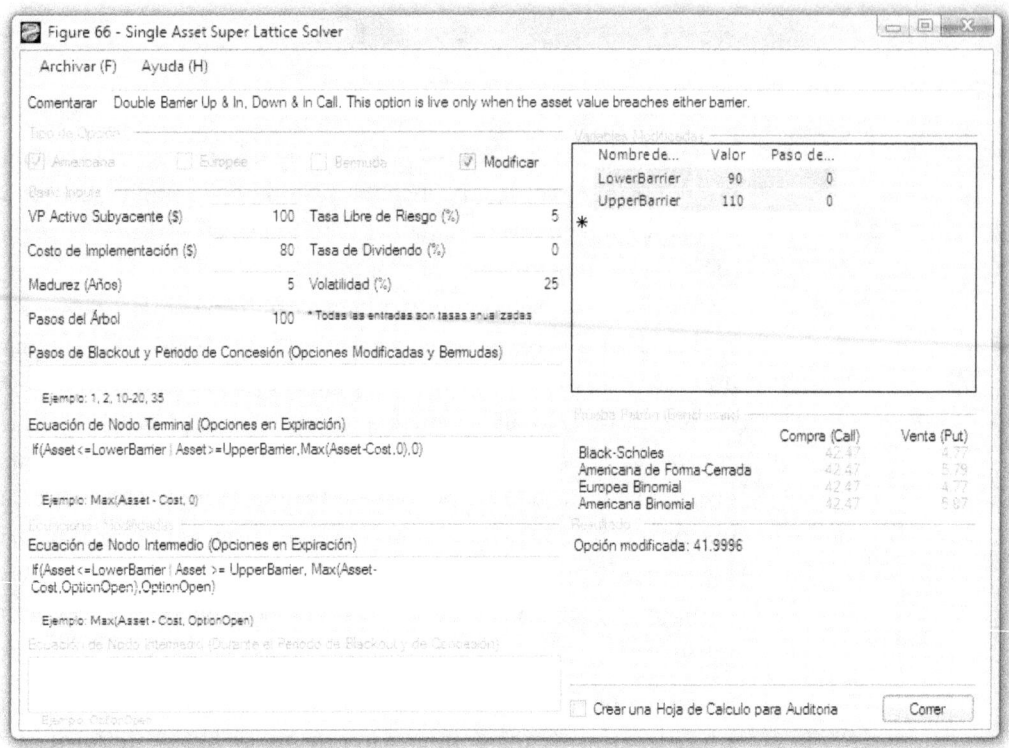

Figura 66 – Opción de Barrera Doble de Alta y Entrada (UP and In), Baja y Entrada (Down and In)

SECCIÓN III – OPCIONES DE COMPRA PARA EMPLEADOS

3.1 OCE Americana con Periodo de Revestimiento

La Figura 67 ilustra como una opción de compra del empleado (OCE) con periodo de revestimiento y fechas blackout puede ser modelada. Introduzca los pasos blackout (0-39). Debido a que la bandeja de entrada de fechas blackout ha sido usada, usted necesitará ingresar la Ecuación Terminal (ET), Ecuación Intermedia (EI), y Ecuación Intermedia durante Periodos de Revestimiento y Blackout (EIR). Ingrese *Max(Stock-Strike,0)* para ET; *Max(Stock-Strike,0,OptionOpen)* para EI; y *OptionOpen* para EIR (archivo de ejemplo utilizado: *Revestimiento OCE*). Esto significa que la opción se ejecuta o se deja expirar sin valor hasta el final; ejecute tempranamente o mantenga la opción abierta durante los nodos intermedios; y mantenga la opción abierta solamente y no se permiten ejecuciones durante los pasos intermedios cuando ocurren revestimiento y blackout. El resultado es de $49.73 (Figura 67) la cual puede ser corroborada con el uso del Juego de Herramientas de Evaluación OCE (Figura 68). El Juego de Herramientas de Evaluación ESO es otra herramienta de software desarrollada por Real Options, Inc., específicamente diseñada para resolver problemas OCE siguiendo el 2004 FAS 123. De hecho, este software fue usado por el Buró de Estándares de Contabilidad Financiera para modelar el ejemplo de valuación en su Declaración FAS 123 final en diciembre del 2004. Antes de empezar con las evaluaciones OCE, se sugiere que el usuario lea el libro del Dr. Johnathan Mun, *"Evaluando las Opciones de Compra del Empleado"*, (Wiley 2004) como algo fundamental.

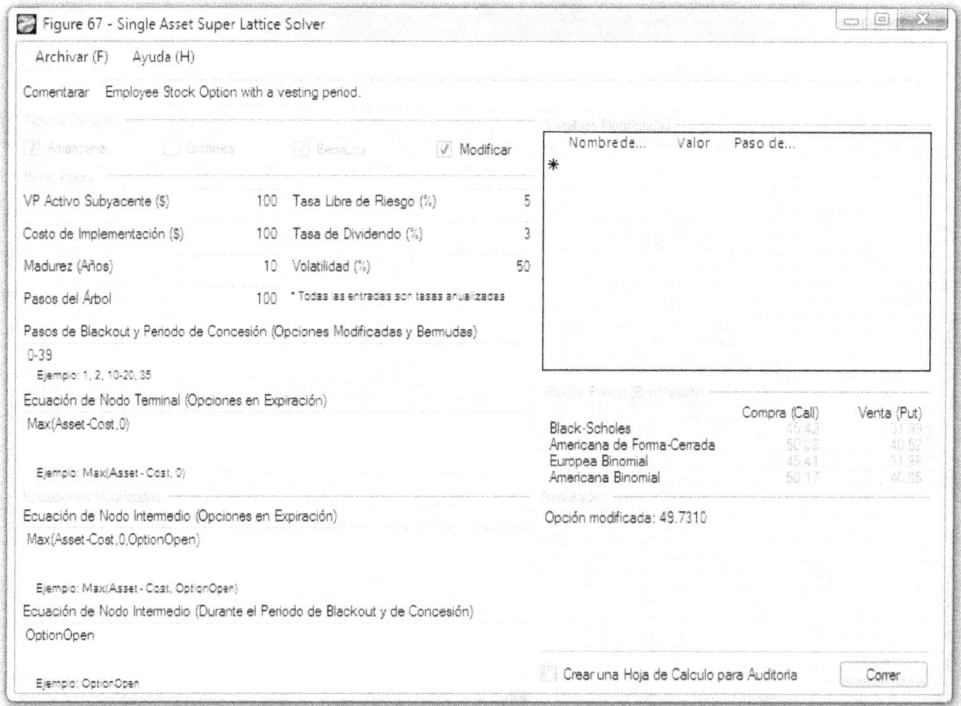

Figura 67 – Resultados de SLS de una Opción de Compra de Revestimiento

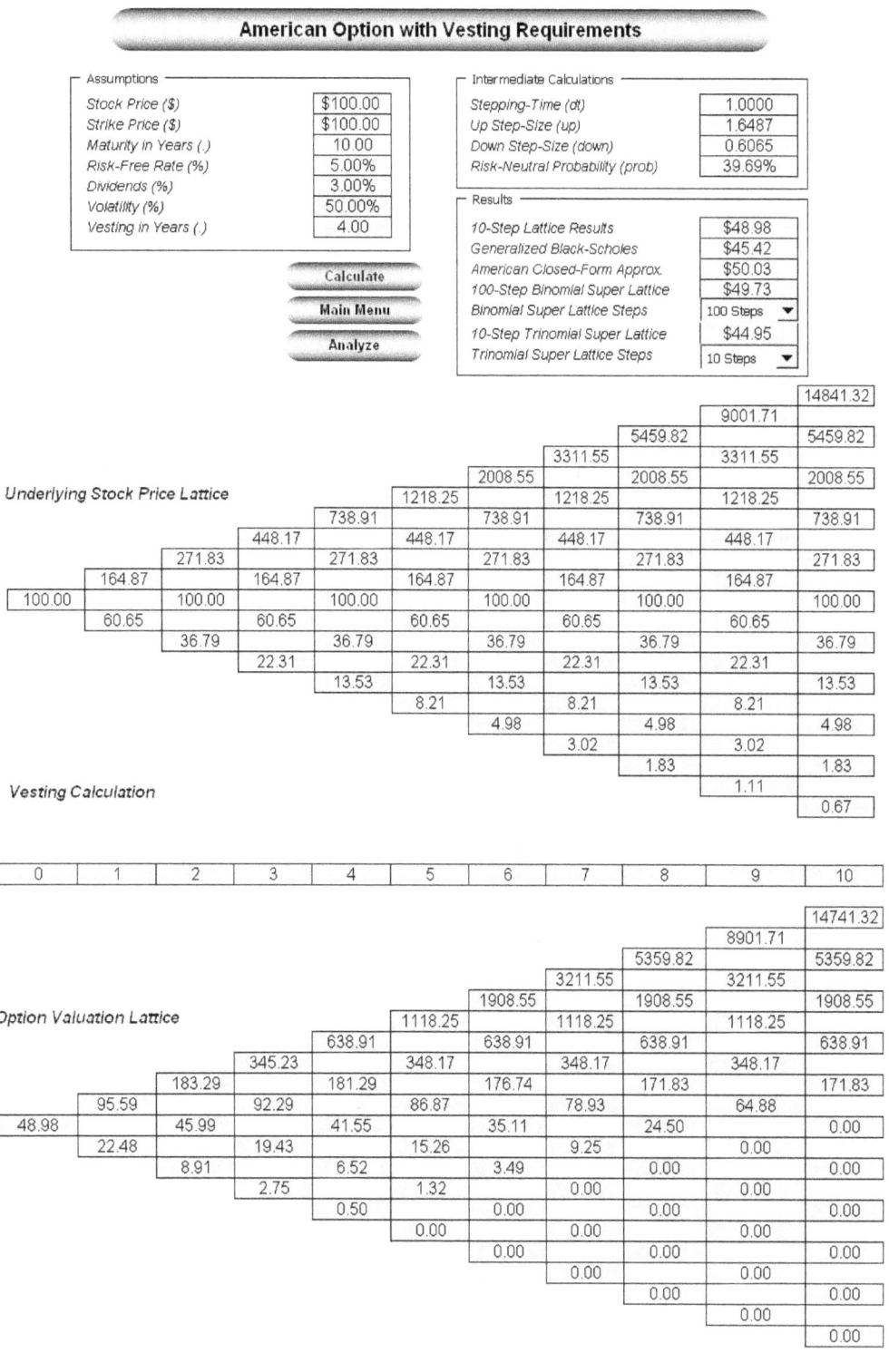

American Option with Vesting Requirements

Assumptions

Stock Price ($)	$100.00
Strike Price ($)	$100.00
Maturity in Years (.)	10.00
Risk-Free Rate (%)	5.00%
Dividends (%)	3.00%
Volatility (%)	50.00%
Vesting in Years (.)	4.00

Calculate
Main Menu
Analyze

Intermediate Calculations

Stepping-Time (dt)	1.0000
Up Step-Size (up)	1.6487
Down Step-Size (down)	0.6065
Risk-Neutral Probability (prob)	39.69%

Results

10-Step Lattice Results	$48.98
Generalized Black-Scholes	$45.42
American Closed-Form Approx.	$50.03
100-Step Binomial Super Lattice	$49.73
Binomial Super Lattice Steps	100 Steps
10-Step Trinomial Super Lattice	$44.95
Trinomial Super Lattice Steps	10 Steps

Figura 68 – Resultados del Juego de Herramientas de Evaluación OCE de una Opción de Compra de Revestimiento

3.2 OCE Americana con Comportamiento de Ejercicio Subóptimo

Este ejemplo muestra como las múltiples de comportamiento de ejercicio subóptimo se pueden incluir dentro del análisis y como se puede usar la lista de variables a la medida como se ve en la Figura 69 (archivo de ejemplo utilizado: *Comportamiento Subóptimo de OCE* y los pasos fueron cambiados a 100 en este ejemplo). El TE es el mismo del ejemplo anterior pero el IE asume que la opción será ejecutada suboptimamente si el precio de acción en un estado futuro excede las veces del umbral de ejercicio subóptimo al precio de inicio. Note que el IEV no se usa debido a que no asumimos ningún periodo de revestimiento ni blackout. También, la variable múltiple de ejercicio *Subóptimo* se incluye en la lista de variables a la medida con el valor relevante de 1.85 y el paso de inicio de 0. Esto significa que 1.85 es aplicable empezando por el paso 0 en el enrejado hasta el paso 100. Los resultados se verifican otra vez mediante el Juego de Herramientas de OCE (Figura 70).

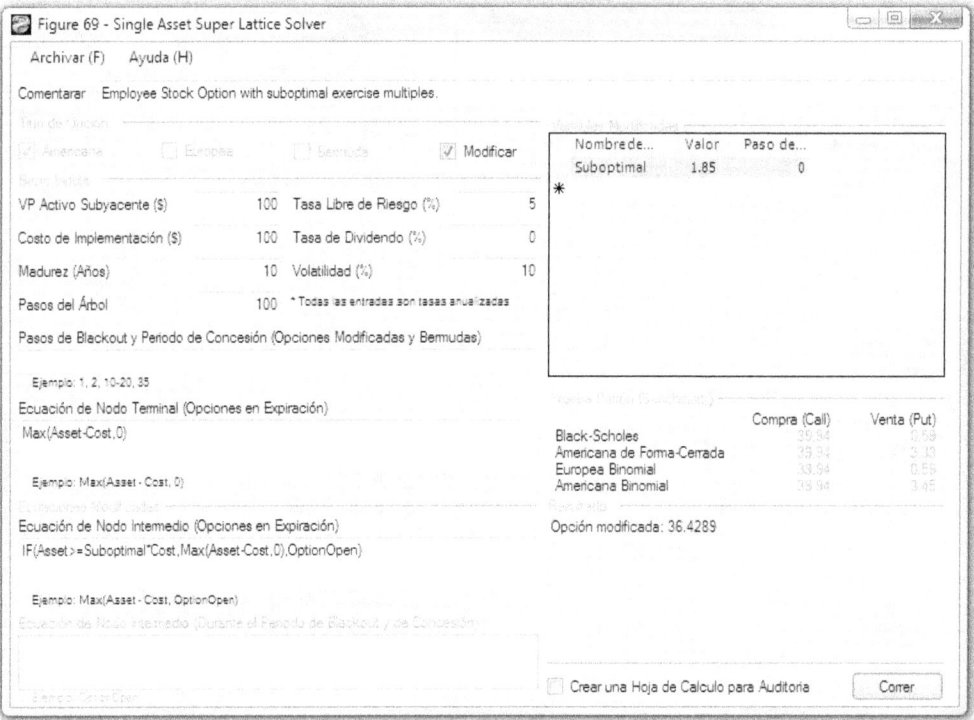

Figura 69 – Resultados SLS de una Opción de Compra con
Comportamiento Subóptimo

American Options with Suboptimal Exercise Behavior

Assumptions

Stock Price ($)	$100.00
Strike Price ($)	$100.00
Maturity in Years (.)	10.00
Risk-free Rate (%)	5.00%
Dividends (%)	0.00%
Volatility (%)	10.00%
Suboptimal Exercise Multiple (.)	1.85

Intermediate Calculations

Stepping-Time (dt)	1.0000
Up Step-Size (up)	1.1052
Down Step-Size (down)	0.9048
Risk-neutral Probability (prob)	73.09%

Results

10-Step Lattice Results	$38.14
Generalized Black-Scholes	$39.94
100-Step Binomial Super Lattice	$36.43
Binomial Super Lattice Steps	100 Steps
10-Step Trinomial Super Lattice	$37.94
Trinomial Super Lattice Steps	10 Steps

Calculate *Main Menu* *Analyze*

Underlying Stock Price Lattice

Step0	Step1	Step2	Step3	Step4	Step5	Step6	Step7	Step8	Step9	Step10
										271.83
									245.96	
								222.55		222.55
							201.38		201.38	
						182.21		182.21		182.21
					164.87		164.87		164.87	
				149.18		149.18		149.18		149.18
			134.99		134.99		134.99		134.99	
		122.14		122.14		122.14		122.14		122.14
	110.52		110.52		110.52		110.52		110.52	
100.00		100.00		100.00		100.00		100.00		100.00
	90.48		90.48		90.48		90.48		90.48	
		81.87		81.87		81.87		81.87		81.87
			74.08		74.08		74.08		74.08	
				67.03		67.03		67.03		67.03
					60.65		60.65		60.65	
						54.88		54.88		54.88
							49.66		49.66	
								44.93		44.93
									40.66	
										36.79

Option Valuation Lattice

Step0	Step1	Step2	Step3	Step4	Step5	Step6	Step7	Step8	Step9	Step10
										171.83
									145.96	
								122.55		122.55
							101.38		101.38	
						90.05		88.34		82.21
					79.42		76.44		69.75	
				69.55		65.67		58.70		49.18
			60.48		55.99		48.92		39.86	
		52.22		47.36		40.34		31.66		22.14
	44.78		39.75		32.94		24.75		15.39	
38.14		33.10		26.65		19.11		10.70		0.00
	27.37		21.36		14.61		7.44		0.00	
		16.99		11.08		5.17		0.00		0.00
			8.35		3.60		0.00		0.00	
				2.50		0.00		0.00		0.00
					0.00		0.00		0.00	
						0.00		0.00		0.00
							0.00		0.00	
								0.00		0.00
									0.00	
										0.00

Figura 70 – Resultados del Juego de Herramientas OCE de una Opción de Compra describiendo Comportamiento Subóptimo

3.3 OCE Americana con Revestimiento y Comportamiento de Ejercicio Subóptimo

A continuación, tenemos el OCE con revestimiento y comportamiento de ejercicio subóptimo. Esto es simplemente la extensión de los ejemplos anteriores. Una vez más, el resultado de $9.22 (Figura 71) se verifica usando el Juego de Herramientas OCE como se muestra en la Figura 72 (archivo de ejemplo utilizado: *Revestimiento OCE con Comportamiento Subóptimo*).

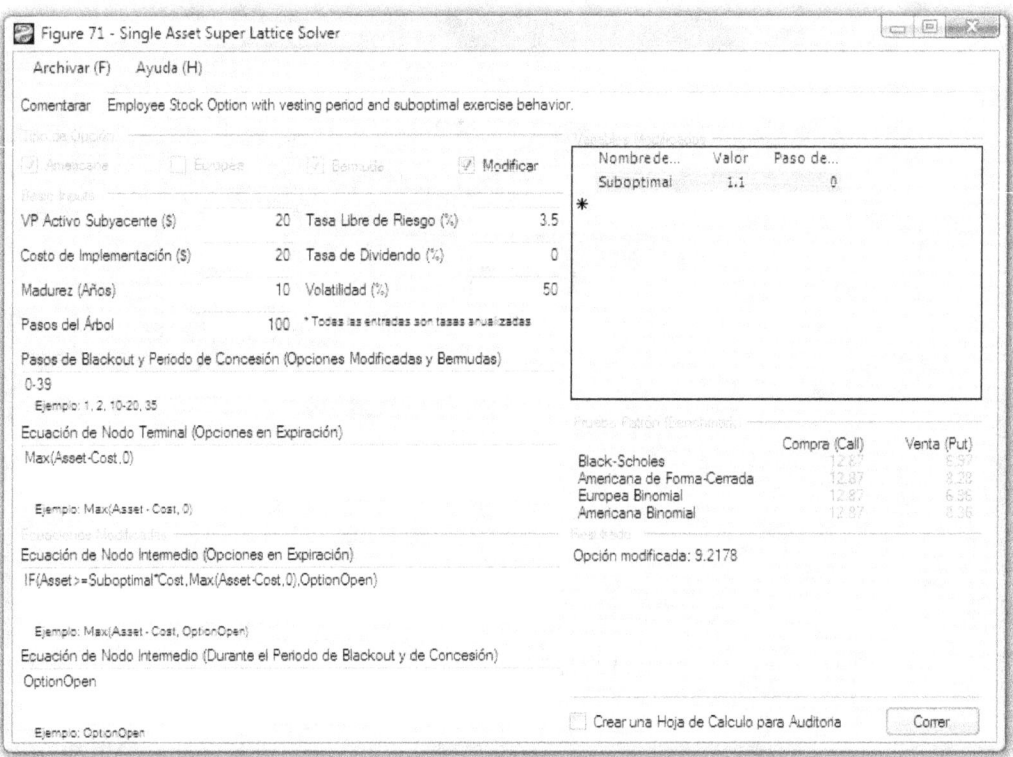

Figura 71 – Resultados SLS de una Opción de Compra describiendo Revestimiento y Comportamiento Subóptimo

American Option with Vesting and Suboptimal Behavior

Assumptions

Stock Price ($)	$20.00
Strike Price ($)	$20.00
Maturity in Years (.)	10.00
Risk-free Rate (%)	3.50%
Dividends (%)	0.00%
Volatility (%)	50.00%
Suboptimal Exercise Multiple (.)	1.10
Vesting in Years (.)	4.00

Calculate

Main Menu

Analyze

Intermediate Calculations

Stepping-Time (dt)	1.0000
Up Step-Size (up)	1.6487
Down Step-Size (down)	0.6065
Risk-neutral Probability (prob)	41.17%

Results

10-Step Lattice Results	$10.61
Generalized Black-Scholes	$12.87
100-Step Binomial Super Lattice	$9.22
Binomial Super Lattice Steps	100 Steps
100-Step Trinomial Super Lattice	$9.43
Trinomial Super Lattice Steps	100 Steps

Underlying Stock Price Lattice

									2968.26
								1800.34	
							1091.96		1091.96
						662.31		662.31	
					401.71		401.71		401.71
				243.65		243.65		243.65	
			147.78		147.78		147.78		147.78
		89.63		89.63		89.63		89.63	
	54.37		54.37		54.37		54.37		54.37
32.97		32.97		32.97		32.97		32.97	
20.00	20.00		20.00		20.00		20.00		20.00
12.13		12.13		12.13		12.13		12.13	
	7.36		7.36		7.36		7.36		7.36
		4.46		4.46		4.46		4.46	
		2.71		2.71		2.71		2.71	2.71
			1.64		1.64		1.64		
				1.00		1.00		1.00	
					0.60		0.60		
						0.37		0.37	
							0.22		
									0.13

Option Valuation Lattice

									2948.26
								1780.34	
							1071.96		1071.96
						642.31		642.31	
					381.71		381.71		381.71
				223.65		223.65		223.65	
			127.78		127.78		127.78		127.78
		70.32		69.63		69.63		69.63	
	37.93		34.37		34.37		34.37		34.37
20.17		17.55		12.97		12.97		12.97	
10.61	8.97		6.85		6.32		5.16		0.00
4.55		3.50		2.98		2.05		0.00	
	1.74		1.37		0.82		0.00		0.00
		0.62		0.32		0.00		0.00	
		0.13		0.00		0.00		0.00	0.00
			0.00		0.00		0.00		
				0.00		0.00		0.00	
					0.00		0.00		
						0.00		0.00	
							0.00		
									0.00

Figura 72 – Resultados del Juego de Herramientas OCE de una Opción de Compra describiendo Revestimiento y Comportamiento Subóptimo

3.4 OCE Americana con Revestimiento, Comportamiento de Ejercicio Subóptimo, Periodos Blackout y Rango de Pérdida

Este ejemplo ahora incorpora el elemento de pérdida o decomiso dentro del modelo como se muestra en la Figura 73 (archivo de ejemplo utilizado: *Revestimiento OCE, Blackout, Subóptimo, Pérdida*). Esto significa que la opción es revestida y el precio de acción prevaleciente excede el umbral subóptimo por encima del precio de inicio, la opción será sumariamente y subóptimamente ejecutada. Si se reviste pero sin exceder el umbral, la opción será ejecutada solo si la pérdida post-revestimiento sucede, pero la opción se mantiene abierta de lo contrario. Esto significa que el paso intermedio es una probabilidad sospesada en promedio de estos eventos. Finalmente, cuando un empleado pierde la posesión de la opción durante el periodo de revestimiento, todas las opciones se pierden, con un índice de pérdida o decomiso de pre-revestimiento. En este ejemplo, asumimos pérdidas o decomisos pre- y post- revestimientos idénticos para que se puedan verificar los resultados usando el Juego de Herramientas OCE (Figura 74). En ciertos casos, se puede asumir un índice diferente.

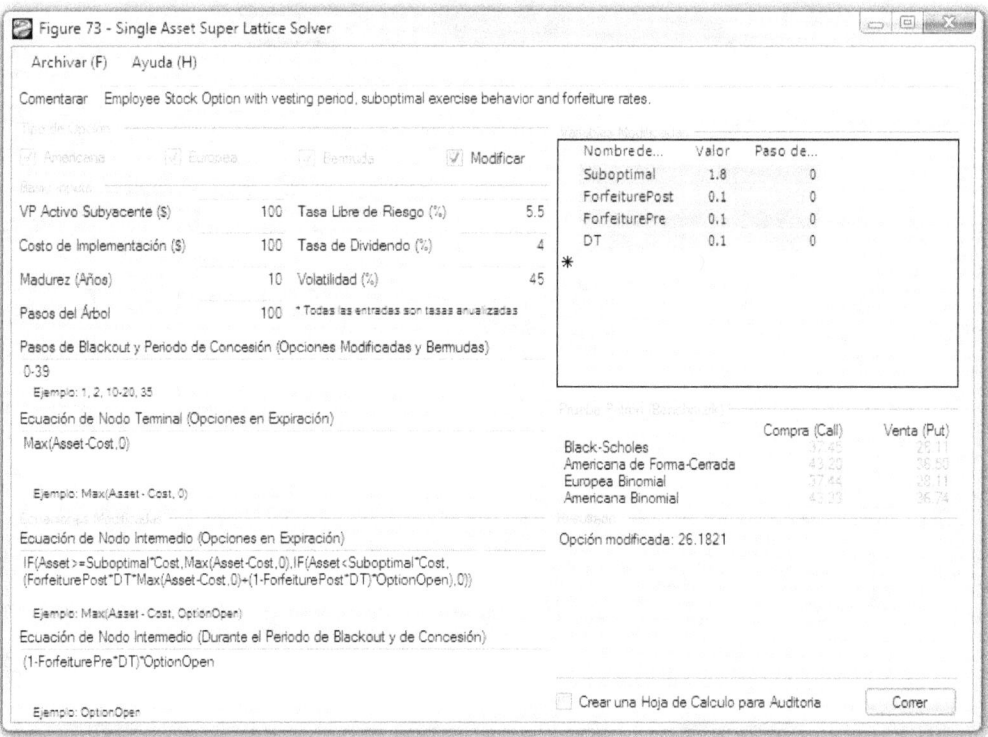

Figura 73 – Resultados SLS de una Opción de Compra describiendo Revestimiento, Pérdida o Decomiso, Comportamiento Subóptimo, y Periodos Blackout

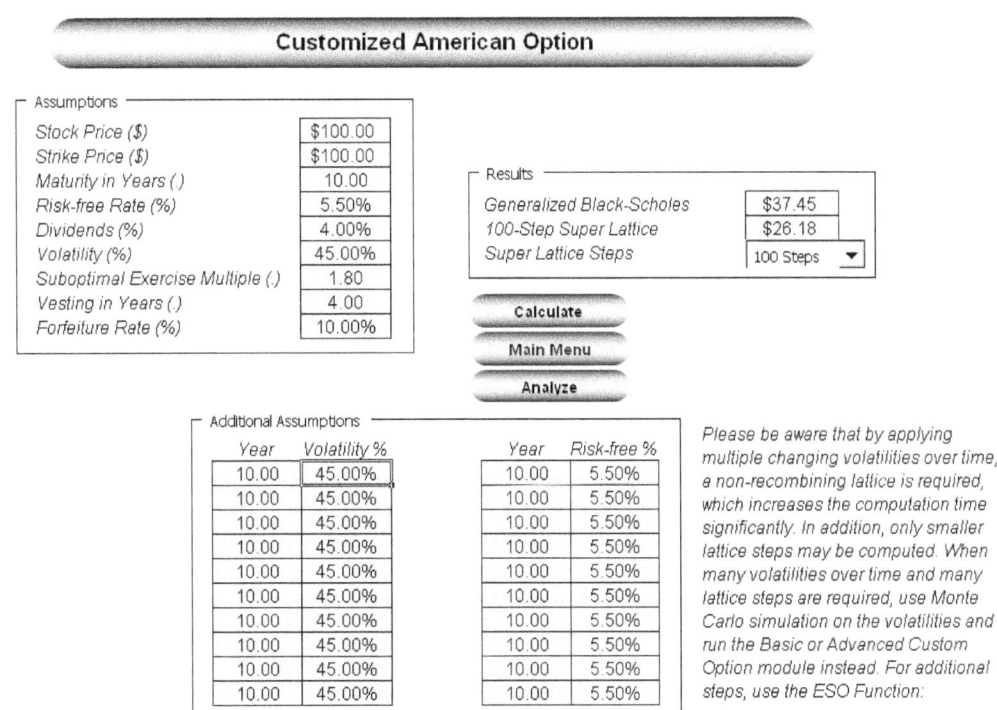

Customized American Option

Assumptions

Stock Price ($)	$100.00
Strike Price ($)	$100.00
Maturity in Years (.)	10.00
Risk-free Rate (%)	5.50%
Dividends (%)	4.00%
Volatility (%)	45.00%
Suboptimal Exercise Multiple (.)	1.80
Vesting in Years (.)	4.00
Forfeiture Rate (%)	10.00%

Results

Generalized Black-Scholes	$37.45
100-Step Super Lattice	$26.18
Super Lattice Steps	100 Steps ▼

Calculate

Main Menu

Analyze

Additional Assumptions

Year	Volatility %	Year	Risk-free %
10.00	45.00%	10.00	5.50%
10.00	45.00%	10.00	5.50%
10.00	45.00%	10.00	5.50%
10.00	45.00%	10.00	5.50%
10.00	45.00%	10.00	5.50%
10.00	45.00%	10.00	5.50%
10.00	45.00%	10.00	5.50%
10.00	45.00%	10.00	5.50%
10.00	45.00%	10.00	5.50%
10.00	45.00%	10.00	5.50%

Please be aware that by applying multiple changing volatilities over time, a non-recombining lattice is required, which increases the computation time significantly. In addition, only smaller lattice steps may be computed. When many volatilities over time and many lattice steps are required, use Monte Carlo simulation on the volatilities and run the Basic or Advanced Custom Option module instead. For additional steps, use the ESO Function:

Figura 74 – Resultados del Juego de Herramientas OCE después de describir Revestimiento, Pérdida o Decomiso, Comportamiento Subóptimo, y Periodos Blackout

© Copyright 2005-2015 Dr. Johnathan Mun. All rights reserved.
Real Options Valuation, Inc.
4101F Dublin Blvd., Ste. 425
Dublin, California 94568 U.S.A.
Phone 925.271.4438 • Fax 925.369.0450
admin@realoptionsvaluation.com
www.risksimulator.com
www.realoptionsvaluation.com

www.ingramcontent.com/pod-product-compliance
Lightning Source LLC
Chambersburg PA
CBHW080821180526
45168CB00006B/2529